리크루팅
명장을 찾아서

리크루팅
명장을 찾아서

문충태 지음

중앙경제평론사

머리말

리크루팅 명장을 벤치마킹하라

리크루팅이란?

필자에게 전화 한 통이 걸려왔다. '리크루팅이 무슨 뜻이냐?'고 묻는 전화였다. 《프로는 리크루팅을 하고 아마추어는 영업을 한다》(중앙경제평론사)는 책을 보고 리크루팅의 의미를 알고자 했던 것 같다.

'리크루트(recruit)'라는 말을 사전에서는 몇 가지로 풀어놓았다. 먼저 '모집하다'라는 뜻이 있다. 새로운 사원, 회원, 신병 등을 모집한다는 뜻이다. '구성하다'라는 뜻도 있다. 새로운 인물을 설득하여 군대, 팀 등을 구성한다는 것이다.

리크루팅이란 새로운 사람을 찾아내고 그들을 설득해서 활동 조직을 만드는 전 과정을 이르는 말이다. 주로 영업조직에서 많이 쓰는데 신입 영업사원을 도입한다는 말이다.

  회사마다 신입사원 도입에 대한 용어를 달리 쓰고 있다. 몇 년 전까지 많이 사용한 용어가 '증원(增員)'이다. 사람을 늘린다는 의미다. 지금도 많은 회사가 이 용어를 사용하지만 언제부턴가 이 용어를 피하는 회사가 늘고 있다. 시대가 변하고 시장이 변하면서 증원이라는 말이 진부하게 느껴져서 그럴 것이다. 그래서 생겨난 리크루팅, 스카우트(scout), 하이어링(hiring), 다산(多産), 채용, 초빙, 초청, 증모 같은 용어를 회사마다 특성에 맞추어 다양하게 사용한다. 모두 신입 영업사원을 도입한다는 말이다. 이 중 회사에서 가장 많이 사용하는 용어가 리크루팅이다. 따라서 이 책에서도 리크루팅이라는 용어를 사용하였다.

영원한 숙제, 리크루팅!

영업조직이 궁극적으로 추구하는 것은 판매극대화다. 기업은 이익극대화를 위해 존재한다고 한다. 영업조직은 판매극대화를 통해서 이익을 극대화하고자 한다. 판매를 극대화하려면 영업조직을 잘 구축하는 것이 가장 중요하다. 어떻게 우량사원을 도입해서 우량조직을 구축하느냐가 핵심 이슈요, 반드시 풀어야 할 과제다.

  지금 리크루팅 트렌드는 우량자원 도입, 선별 도입, 배양 도입이다. 우량자원을 도입하려면 자원 풀을 만들어 그중에서 우량자원을 선별해야 하고, 배양과정을 거쳐 신인을 도입해야 한다. 우량자원을 도입해야 한다는 데 이견이 있는 사람은 없다. 하지만 도입 방법에는 문제가 있다. 리크루팅 활동에 문제가 있다는 말이다. 자원 풀을 만들고, 우량자원을 선별하고, 이들을 중심으로 친숙 과정을 통해 배양 도입을 하는데, 현장에서는 아직도 옛날 방식에서 벗어나지 못하고 있다. 세상이 변하고 시장 여건이 변했는데도 리크루팅 행동방법에는 변화가 없다. 이것이 영업조직에서 풀어야 할 숙제다.

명장에게는 특별한 노하우가 있다

명장(名匠)이란 기술이 뛰어난 이름난 장인을 일컫는다. 리크루팅 명장이란 영업 분야에서 신입사원 도입 기술이 뛰어난 사람으로, 이들은 우량조직을 구축해 탁월한 성적을 거두고 있다.

리크루팅 명장을 벤치마킹하라. 벤치마킹(benchmarking)이란 특정 분야에서 우수한 상대를 표적으로 삼아 자기 성과와 비교하고, 그의 뛰어난 운영 프로세스를 배우면서 부단히 자기 혁신을 추구하는 것이다. 리크루팅 명장을 벤치마킹하는 것은 리크루팅 잘하는 사람들의 행동을 비교·분석함으로써 그들의 장점을 찾아 나의 업무에 적용해보자는 것이다. 타산지석(他山之石)이라 했다. 다른 사람의 언행을 통해서 내 지덕을 닦는 데 도움이 되게 하라는 말이다.

어느 분야에서든 성공한 사람들을 보면 그들만의 특별한 비법이 있다. 텔레비전에서 맛집 멋집을 소개하는 경우를 보자. 음식점으로 대박을 터뜨린 맛집을 소개할 때 한 가지 공통점이 있다. 대박을 터뜨리게 된 비결을 공개하는데, 다 공개하는 듯하다가 꼭 어느 한 부분에서는 공개할 수 없다며 촬영하지 말라고 한다. 자기들만 가지고 있는 비법이라면서 말이다.

리크루팅을 잘하는 명장들에게는 그들만의 비법이 있다. 리크루팅 명장에게는 남들에게서는 찾아볼 수 없는 그들만의 특별한 노하우가 있다. 리크루팅이라는 똑같은 업무를 수행하면서도 남들과 다른 생각, 다른 방법으로 행동해서 우수한 결과를 낸다. 필자는 지난 4년여 동안 전국에서 리크루팅 잘하기로 소문난 리크루팅 명장들을 찾아다니며 인터뷰를 했다. 그들이 가지고 있는 리크루팅 방법과 노하우를 리크루팅 때문에 고민하고 힘들어 하는 사람들에게 나눠주려는 생각에서였다.

이 책에서는 그동안 필자가 만난 리크루팅 명장들의 노하우를 리크루팅 프로세스에 맞추어 정리했다. 리크루팅 명장들의 개별적 특성에 따른 노하우를 우량자원 도입, 선별 도입, 배양 도입 프로세스에 맞추어 정리했더니 힘들고 깜깜하기만 했던 리크루팅 활동에 한 줄기 빛이 보이는 것 같다.

지금 이 시간에도 리크루팅 때문에 고민하고 괴로워하는 사람들이 많다. 이 책이 그들에게 리크루팅 명장들의 행동을 벤치마킹하고, 성공 노하우를 익힘으로써 리크루팅을 성공적으로 풀어가는 데 조금이나마 도움이 되기를 바란다.

문충태

Contents →

머리말 _ 리크루팅 명장을 벤치마킹하라   4

1장
리크루팅 명장의 **기본자세**

'선도자'가 돼라	14
나를 CEO로 임명하라	18
'내 편 만들기'가 핵심이다	22
적을 만들지 마라	26
야성을 잃지 마라	30
급한 것보다 중요한 것을 먼저 하라	34
1%의 가능성만 있어도 도전하라	38
'안 된다'는 말을 없애라	42
'Co-Work' 하라	46
'Give and Give'가 옳다	50
'따로국밥' 먹지 마라	54
기본으로 돌아가라	58
날마다 'BEST' 하라	62
'Do Do Do' 하라	66

2장
리크루팅 명장의 **소스 발굴**

'NQ'를 높여라	72
인맥지도를 그려라	76
숙제하듯이 카드를 만들어라	80
'적자생존'이라 했다	84
눈에서 멀어지면 마음도 멀어진다	88
찾는 자에게만 보인다	92
망가져야 살 수 있다	96
하루 10명 이상에게 소개를 부탁하라	100
'족집게 소개 방법'을 활용하라	104
명함 수집가로 변신하라	108
일하고 있는 사람을 집중 공략하라	112
'경단녀'를 찾아라	116
'안 오겠다'는 사람이 좋은 자원이다	120
신종플루 감염자를 조심하라	124
선별하고 또 선별하라	128

Contents →

3장
리크루팅 명장의 배양 활동

'10:30:60 법칙'을 따르라	134
'7·15·30 시스템'으로 관리하라	138
퇴근 전 5가지를 체크하라	142
'좌우지간 작전'을 실행하라	146
'콩나물 물주기'를 잊지 마라	150
'불도그 정신'으로 임하라	154
한 번의 만남으로 만리장성을 쌓아라	158
T형으로 소통하라	162
'마중물 메시지'를 활용하라	166
문자 메시지, 이렇게 활용하라	170
'땡큐 카드'를 활용하라	174
작은 선물을 자주 하라	178
이벤트를 만들어라	182
지렛대를 활용하라	186

4장
리크루팅 명장의 **면담 기법**

'통통통 작전'으로 성공했다   192
'겸따마다'를 보여줘라   196
'News 기법'이 있다   200
칭찬만 잘해도 50%는 성공이다   204
카타르시스가 일어나게 하라   208
'수사반장'이 돼라   212
'3·3·3 화법'을 아는가   216
'죽이는 한마디'를 만들어라   220
'Yes'를 이끌어내라   224
가치관이 변했다   228
꿈은 '꿈틀꿈틀'의 약자다   232
사실보다 가치를 말하라   236
'百聞이 不如一見'이다   240
우물쭈물할 시간이 없다   244
'1년만 참고 기다리겠다'고 하라   248
'인생을 책임지겠다'고 하라   252
CIS, 이렇게 하라   256

부록

리크루팅 한 줄 화법   262
리크루팅 짧은 화법   269

1장

리크루팅 명장의
기본자세

역사는 승자들의 기록이라고 한다. 패자 이야기는 영웅담이 될 수 없기 때문이다. 역사는 퍼스트 무버만이 쓸 수 있다. 남들보다 앞서 생각하고, 남들다 앞서 행동하는 선도자만이 쓸 수 있다. 리크루팅의 역사를 쓰자. 리크루팅의 영웅담을 만들자.

'선도자'가 돼라

선도자란?

"얼마 전 경제신문을 보니까 이런 글이 있더라고요. 지금 우리 시장은 추적자(Fast Follower)에서 선도자(First Mover)로 바뀌었습니다."

서울 지역에서 1등을 하는 매니저를 만났더니 이런 말로 이야기를 시작했다. 패스트 팔로워(Fast follower)란 무엇인가? 말 그대로 빠르게 쫓는다는 뜻으로 앞선 자의 뒤를 쫓아가며 잘한 것을 따라 하는 추적자를 말한다. 2등이 1등을 따라 하는 것이 추적자 전략이다. 후발 주자가 선발 주자를 따라잡기 위해 죽기 살기로 덤벼드는 것이 추적자 전략이다.

그럼 퍼스트 무버(First Mover)란 무엇인가? 누구도 하지 않은 행동, 누구도 가지 않은 길을 가며 새로운 영역을 개척하는 선도자를 말한다. 마라톤 경기에서는 맨 앞에서 달리는 선두 주자를 일컫는다. 앞에 아무도 없는 상황에서 오로지 앞만 보면서 자기 자신과 싸우는 사람이다.

"매니저로 성공하려면 패스트 팔로워의 자세보다는 퍼스트 무버의 자세가 필요합니다. 남들 뒤꽁무니를 쫓아가는 추종자가 되기보다는 남들 앞에서 달리는 1등 주자가 되겠다는 정신이 필요한 거죠."

뒤꽁무니 쫓아가지 마라

"마라톤 경기를 보면 선수들이 달리면서 그룹이 지어집니다. 맨 앞에서 달리는 선두 그룹, 그 뒤를 쫓아가는 그룹, 뒤처져서 달리는 그룹이 있죠."

마라톤 경기에서 선두 그룹을 형성하고 있는 사람들은 프로이다. 이들은 1등으로 골인 지점을 통과하고, 새로운 기록을 달성하는 것이 목표다. 추종자 그룹은 따라가기 바쁜 사람들이다. 어떻게 해서든 앞서 달리는 선두 그룹에 속하고 싶으나 체력이나 실력이 부족한 사람들이다. 참가자 그룹에 속한 선수들은 등수에도, 기록에도 관심이 없다. 아마추어이기 때문에 그저 참가하는 데 의미가 있다.

매니저들을 보면 마라톤 선수 같다. 선두 그룹에 속하는 사람이 있고, 추종자 그룹에 속하는 사람이 있고, 이도 저도 아니어서 참가하는 데 의미를 두는 사람이 있다.

"팀원들에게 항상 강조하는 말이 있습니다. 남의 뒤꽁무니는 쫓아가지 말자. 용의 꼬리가 되기보다는 닭의 머리가 되자. 기왕이면 꽁무니를 쫓아가기보다는 그 분야에서 머리가 되어야 하지 않느냐?"

왜 남을 쫓아가야 하는가? 우리는 생김새도 다르고 생각도 다르다. 태어난 곳도 다르고, 자라온 환경도 다르고, 살고 있는 곳도 다르다. 그런데 왜 행동은 남들과 똑같이 하는가? 남들이 그만둔다 하더라도 나는 그만둬서는 안 된다. 남들이 실패했다 하더라도 나는 실패해서는 안 된다. 나는 그들과 다르기 때문이다.

'선도자 선언'을 하라

퍼스트 무버의 자세로 임하는 사람은 아이디어를 찾는 사람이다. 창조적인 활동에 목말라 있는 사람이다. 남들의 행동을 보면서 거기에서 자기만의 번뜩이는 아이디어를 만들어내는 사람이다.

"저는 팀원들과 함께 '퍼스트 무버 선언'을 했어요. 남들을 따라가는 추적자가 되지 말고, 남들보다 앞서나가는 선도자가 되자고 결의했죠. 저희가 지금 1등을 하는 것은 바로 퍼스트 무버 전략 덕분입니다."

그는 아침 미팅을 하면서 팀원들에게 한 가지 제안을 했다. 기왕 일을 시작한 이상 똑 부러지게 해보자고 말이다. 남들의 뒤꽁무니를 쫓아가는 추적자가 되지 말고 남들을 이끌어나가는 선도자가 되자고 제안했더니 팀원들이 이구동성으로 동의했다.

이 결심을 잊지 않기 위해서 '퍼스트 무버 선언서'를 만들었다. 이 선언서를 각자 책상의 가장 잘 보이는 곳에 붙였다. 그리고 날마다 아침 회의를 시작하면서 선언서를 합창하였다. 눈으로 보고 입으로 외치면서 퍼스트 무버가 되겠다는 최면을 건 것이다. 그 결과 지금의 1등 조직이 된 것이다.

역사는 승자들의 기록이라고 한다. 패자 이야기는 영웅담이 될 수 없기 때문이다. 역사는 퍼스트 무버만이 쓸 수 있다. 남들보다 앞서 생각하고, 남들보다 앞서 행동하는 선도자만이 쓸 수 있다. 리크루팅의 역사를 쓰자. 리크루팅의 영웅담을 만들자. 이것이 퍼스트 무버가 되어야 하는 이유다.

리·크·루·팅 명장의
One Point Lesson

'First Mover 선언'

1. 우리는 어떠한 경우에도 선도자의 길을 걷겠습니다.
2. 우리는 새로운 생각, 새로운 방법을 찾아내는 선도자의 머리를 갖겠습니다.
3. 우리는 오늘보다는 내일을 더 좋게 만드는 선도자의 행동을 하겠습니다.

나를 CEO로 임명하라

종업원이냐, CEO냐?

"한 교육장에서 강사가 저에게 뚜벅뚜벅 걸어와서는 '왜 출근하십니까?'라고 질문하는 거예요. 속으로 코웃음을 쳤죠. 그걸 질문이라고 하느냐고 말이에요. 당연히 돈 벌려고 출근하는 것 아니냐는 생각이었습니다."

조직원을 30명 이상으로 만든 매니저가 한 말이다. 지금은 조직을 분할해 주고 13명을 이끌고 있다. 그는 리크루팅에 전념하게 된 동기를 이렇게 설명했다.

교육장에서 그 강사가 이렇게 설명했다고 한다. 기업이 존재하는 궁극적인 목적은 이익을 극대화하는 것이다. 이익을 내지 못하는 기업은 이미 존재 의미가 없다. 마찬가지로 내가 출근하는 이유는 소득을 극대화하려는 것이다. 만약 소득이 시원치 않다면 내가 출근해야 할 이유가 없지 않은가?

그럼 소득을 극대화하는 방법은 무엇일까? 종업원의 자세로 임하느냐, CEO의 자세로 임하느냐에 따라 달라진다. 일반적으로 사람은 두 종류로 나뉜다. 하나는 종업원이고, 다른 하나는 CEO이다. 종업원은 월급을 받는 사람이요, CEO는 월급을 주는 사람이다. 종업원은 고용된 사람이요, CEO는 고용하는 사람이다. 종업원은 정해진 시간에 일하고, CEO는 정해진 시간 외에도 일한다. 종업원의 발전에는 한계가 있고, CEO의 발전에는 한계가 없다.

CEO로 변신하라

"엄밀하게 따지면 이 일은 내 사업입니다. 내가 어떻게 하느냐에 따라서 내 소득이 달라지잖아요. 우리 일은 종업원의 일이 아니라 CEO의 일입니다."

그 매니저가 한 말이다. 얼마 전까지만 해도 그는 종업원의 자세로 근무했다고 한다. 리크루팅에 임하는 자기 모습이 전형적인 종업원의 모습이었다는 것이다. 정해진 시간에만 일하고, 노는 날 다 놀고, 어영부영 시간만 때우면서 많이 받기를 바랐다는 것이다.

그 매니저가 웃으면서 불쑥 이런 질문을 던졌다.

"종업원과 CEO의 차이점이 무엇인지 아세요? 종업원은 달력에 빨간 글자가 많으면 반갑고, CEO는 빨간 글자가 많으면 싫대요. 종업원은 퇴근 시간이 기다려지고, CEO는 퇴근 시간이 정해져 있지 않대요. 종업원은 월급날을 손꼽아 기다리고, CEO는 월급날이 빨리 오는 것을 싫어한대요."

리크루팅을 잘하느냐 못하느냐는 종업원의 자세냐, CEO의 자세냐에 따라 달라진다. 종업원의 자세로 임하는 사람에게는 적극성이 없다. 자기 일이 아니기 때문이다. 그러나 CEO의 자세로 임하는 사람에게 리크루팅은 사활이 걸린 문제이다. 내가 죽느냐 사느냐의 문제인 것이다.

CEO 임명장을 수여하라

"저희 지점에서는 처음 매니저가 되는 사람들에게는 CEO 임명장을 줍니다. 저도 가지고 있어요." 그러면서 그가 지점에서 받은 CEO 임명장을 보여주었다. "당신은 이제 종업원이 아닙니다. 오늘부터 당신은 당신 사업의 CEO입니다." 지점장이 임명장을 주면서 한 말이라고 한다. 이 임명장을 받고 나서 그는 자신의 태도가 바뀌었다고 한다. 일의 주인공이 바로 자신이 되었다는 것이다.

"솔직히 우리 일은 자기 사업이잖아요. 지점은 우리 사업을 지원해주는 지원센터이고요. 우리가 회사에 적을 두고 있는 것은 어찌 보면 회사라는 울타리를 이용하는 것이지요." 그는 강한 어조로 이렇게 설명했다.

먹자골목에 가면 비슷한 음식을 파는 음식점이 다닥다닥 붙어 있다. 혼자 떨어져 있는 것보다 같이 붙어 있음으로써 고객들이 더 몰리게 하고, 선의의 경쟁을 하면서 이익을 더 많이 내는 것이다. 우리는 한 사람 한 사람이 각자 독립된 사업체이지만 같이 모여 있으면서 서로 자극을 주고 선의의 경쟁을 하면서 발전한다. 하지만 사람들은 대부분 자기가 자기 사업의 주인이라는 생각을 하지 못한다. 그저 한 회사에 속해 있는 종업원으로 생각하는 것이 문제다.

"저는 후배들에게 이런 말을 자주 해요. 자기에게 CEO 임명장을 줘보세요. 내가 나 자신을 CEO로 임명하는 겁니다. 그러면서 이렇게 말해보세요. '이제부터 너는 사장이다.' 그러면 당신 사업이 달라질 겁니다." 이 말을 마지막으로 그 매니저는 웃으면서 자리에서 일어났다.

리·크·루·팅 명장의
One Point Lesson

CEO 임명장 활용하기

1. 자기에게 CEO 임명장을 수여하라.
2. 자기 일에 주인공이 되기 위한 방법이다.
3. 종업원의 자세가 아니라 CEO의 자세로 임해야 한다.
4. 날마다 자신에게 '너는 사장이다'라고 외쳐라.

'내 편 만들기'가 핵심이다

사람을 내 편으로 만들어라

우리가 살고 있는 이 시대를 일컬어 스마트(smart) 시대라고 한다. 지금은 디지털 시대를 지나 스마트 시대가 되었다. 스마트 시대의 핵심 키워드는 '변화(Change)와 차별화(Differentiation)'이다. 지금은 변화가 엄청나게 빠른 속도로 일어나고 있다. 한 달만 지나면 새로운 제품이 쏟아져 나오고 6개월만 지나면 새로운 세상으로 바뀌어 있다. 이렇게 빠르게 변하는 세상에서 살아남는 방법은 차별화뿐이다. 기업은 상품을 차별화하고 서비스를 차별화해야 살아남을 수 있다. 개인은 생각을 차별화하고 행동을 차별화해야 살아남을 수 있다.

"핵심을 잊지 말아야 합니다. 핵심 키워드를 찾아 거기에 모든 행동을 집중해야 합니다. 세일즈의 핵심 키워드는 사람입니다. 사람을 내 편으로 만드는 일이 세일즈의 핵심입니다. 리크루팅의 핵심이 무엇입니까? 리크루팅의 핵심도 사람입니다. 사람을 내 편으로 만드는 일입니다." 부산에서 1년에 15명을 리크루팅해서 챔피언 자리에 오른 한 매니저가 한 말이다.

"제가 1년에 15명을 리크루팅할 수 있었던 비결은 바로 리크루팅의 핵심인 사람 관리에 치중했기 때문입니다." 이렇게 말하면서 그는 이 시대의 핵심 키워드가 '변화와 차별화'이듯이 리크루팅의 핵심 키워드는 '사람 관리'라는 사실을 잊지 말아야 한다고 강조했다. 핵심을 찾아 거기에 모든 역량을 집중해야 성공할 수 있다. 특히 리크루팅은 사람 관리를 잘해야만 성공할 수 있다. 리크루팅의 출발점은 사람이요, 활동의 핵심은 사람 관리라는 사실을 잊어서는 안 된다.

내부 사람을 내 편으로 만들어라

"리크루팅의 핵심은 사람 관리라고 했죠? 리크루팅을 잘하려면 두 종류의 사람을 내 편으로 만들어야 합니다. 하나는 내부 사람, 그리고 다른 하나는 외부 사람입니다. 이 두 종류의 사람을 내 편으로 만들어야 리크루팅에 성공합니다." 그 매니저가 한 말이다.

내부 사람이 누구인가? 매일 함께하는 팀원들이 내부 사람이다. 이 팀원들이 나를 좋아하게 만들어야 리크루팅을 성공적으로 수행할 수 있다. 또 다른 내부 사람은 주변에서 가까이 지내는 사람들이다. 이들은 고객일 수도 있고,

친구일 수도 있고, 협력자일 수도 있다. 이들이 나를 좋아하게 만들어야 리크루팅을 성공적으로 수행할 수 있다. 리크루팅 소스가 이들에게서 나오기 때문이다.

생각해보라. 우리는 어떻게든 리크루팅을 풀어가야 한다. 그런데 팀원들이 협조하지 않으면, 가까이 지내는 고객들이, 친구들이, 협력자들이 도와주지 않으면 어디에서 리크루팅 자원을 찾을 수 있겠는가?

"1년에 15명을 리크루팅할 수 있었던 핵심 역량은 모두 내부 고객인 팀원들에게서 나왔습니다. 자나 깨나 리크루팅에 미쳐 있는 제 모습을 보고 팀원들이 자발적으로 자원을 소개해준 것이지요."

그는 팀원들을 내부 고객이라고 했다. 날마다 얼굴을 마주 대하는 팀원들에게 마치 고객들에게 하듯이 어려운 일도 도와주고 어떠한 희생도 마다하지 않고 봉사했더니 이들이 자기편이 되어 리크루팅 소스를 소개해주더라는 것이다. 그러면서 그 매니저는 리크루팅을 풀어가려면 먼저 내부 고객인 팀원들부터 내 편으로 만들어야 한다고 강조했다.

외부 사람을 내 편으로 만들어라

"그럼 외부 사람은 누구입니까? 바로 리크루팅 대상자들입니다. 저는 그들이 저를 좋아하게 만드는 일에 모든 역량을 집중했습니다."

그 매니저는 리크루팅 대상자를 만날 때는 설득하려고 덤비지 말라고 강조했다. 설득하기에 앞서 해야 할 일이 있다고 했다. 그들이 나를 좋아하도록 하는 일을 먼저 해야 다음 순서를 풀어갈 수 있다는 것이다. 그러나 사람들은 대부분 순서가 거꾸로 되어 있다고 했다. 사람을 내 편으로 만들려는 노력도 하지 않고 다짜고짜 설득하려고 덤빈다는 것이다.

"첫술에 배부르지 않죠. 한 번 만남으로 우리 식구 만들겠다고 하는 것은 어찌 보면 나만의 욕심입니다. 중요한 것은 그 사람을 내 편으로 만드는 일에 시간과 노력을 기울여야 한다는 것입니다."

리크루팅의 핵심은 무엇인가? 사람을 내 편으로 만드는 일이다. 내부 사람인 팀원들을 내 편으로 만들고, 고객과 친구와 협력자를 내 편으로 만드는 일에 주력해야 한다. 그리고 외부 사람인 리크루팅 대상자를 내 편으로 만들기 위해서 시간과 노력을 투자해야 한다.

리·크·루·팅 명장의
One Point Lesson

> **리크루팅의 핵심은 '사람 관리'**

1. 리크루팅의 핵심 키워드는 사람 관리다.
2. 사람을 내 편으로 만드는 일에 집중하라.
3. 내부 팀원들이 나를 좋아하게 만들어야 한다.
4. 리크루팅 대상자들이 나를 좋아하게 만드는 데 활동력을 집중해야 한다.

적을 만들지 마라

용서할 수 없다

"조직을 늘리지 못하는 사람은 용서할 수 있어도 조직을 탈락시키는 사람은 용서할 수 없습니다. 본부장님께서 하신 말씀입니다." 한 매니저가 리크루팅한 신인은 어떻게든 정착시켜야 한다고 하면서 한 말이다. 그는 한 번 도입한 신인은 목숨 걸고 정착시키는 것으로 사원들에게 깊은 신임을 얻고 있는 사람이다.

'작전에 실패한 지휘관은 용서할 수 있어도 경계에 실패한 지휘관은 용서할 수 없다'라는 말이 있다. 적과 교전 중에 물리적이든 기상적이든 제한적 요소에 따라 작전을 실패할 수도 있다. 즉 병력이 지원되지 않았다거나, 무기가 빈약하였다거나, 기상이 안 좋아졌다거나 하는 등의 이유로 질 수도 있다. 이런 요소 때문에 작전에 실패한 사람은 용서할 수 있다. 그러나 경계에 실패했다는 것은 태만하여 손 한 번 쓰지 못하고 졌다는 것이다. 이런 사람은 용서할 수 없다.

매니저가 리크루팅 활동을 열심히 했어도 실패할 수 있다. 노력했는데도 실패했다면 용서할 수 있다. 그러나 신인 도입도 못하면서 현재 있는 조직을 매니저의 태만으로 탈락시켰다면 용서할 수 없다.

인터넷에 떠도는 글 중에 초등학교 2학년이 쓴 〈아빠는 왜?〉라는 시가 있다.

엄마가 있어 좋다. 나를 예뻐해 주어서
냉장고가 있어 좋다. 나에게 먹을 것을 주어서
강아지가 있어서 좋다. 나랑 놀아 주어서
그런데 아빠는 왜 있는지 모르겠다.

매니저가 왜 있는지 모른다면 큰일이다. 본부장이, 지점장이, 팀원들이 매니저가 왜 있는지 모르겠다고 하면 정말 큰일이다.

두 명의 적이 생긴다

"리크루팅을 잘하려면 적을 만들면 안 됩니다. 신인을 탈락시키면 적이 두 명 생깁니다."

리크루팅을 잘하려면 적이 없어야 한다. 주변 사람 중에 적으로 돌아서는 사람이 없어야 한다. 주변 사람들에게 도움을 받아 리크루팅 소스를 찾아내고, 그들의 협조로 리크루팅 대상자를 접촉해야 한다. 그런데 도입한 신인을 탈락시키게 되면 두 명의 적이 생긴다. 하나는 내부에서 다른 하나는 외부에서 적이 생긴다.

내부의 적은 신인의 소스를 소개하고 그가 올 때까지 여러 형태로 협력했던 팀원이다. 이 팀원은 자기가 소개한 신인이 탈락하면 다시는 다른 사람을 소개해주지 않게 된다. 그러면 소스를 찾는 맥이 끊어진다.

외부의 적이라 함은 탈락한 사람이 적으로 변한다는 말이다. 신인으로 활동하다 탈락하면 아무래도 좋은 소문을 내지는 않을 것이다. 주변 사람에게 좋지 않은 소문을 퍼뜨리면 리크루팅 자원의 밭이 황폐해진다.

목숨 걸고 정착시켜라

"제가 초보 매니저 때의 일입니다. 그때는 정착시키는 방법이 서툴렀어요. 한 명을 탈락시켰더니 사원들의 협조가 끊겼어요." 이 일이 계기가 되어 지금은 목숨 걸고 신인을 정착시킨다면서 매니저가 한 말이다. 정착시키는 것도 매니저의 책임이요, 정착시키지 못한 것도 매니저의 책임이라고 강조했다.

그는 신인이 한 사람 들어오면 한 달 동안 집중적으로 관리한다고 했다. 아침마다 그에게 상품 교육을 하고, 오후에는 동행 활동을 나가고, 저녁에는 면담을 해서 활동을 분석하는 등 집중 관리를 한다.

"신인을 정착시키는 일은 정말 피 말리는 작업입니다. 심기만 하면 저절로 자라는 나무가 있다면 얼마나 좋겠습니까? 그렇게 노심초사하며 키운 신인의 모습을 보면 정말 뿌듯해요. 이게 매니저의 묘미인 것 같아요.".

리크루팅의 목적은 조직을 늘리는 것이다. 밑 빠진 독이 되지 않게 하라. 밑 빠진 독에는 물이 남아 있지 않다. 들어오기만 하고 빠져나가는 사람이 없어야 한다. 목숨 걸고 정착시키는 매니저가 유능한 매니저다. 신인이 들어오면 반드시 정착시킨다는 각오로 임하라. 이것이 적을 만들지 않는 방법이다.

리·크·루·팅 명장의
One Point Lesson

목숨 걸고 정착시키기

1. 적을 만들지 마라. 탈락자가 없어야 한다.
2. 도입만큼 중요한 것이 정착이다.
3. 신인이 들어오면 목숨 걸고 정착시켜라.
4. 그래야 팀원이, 주변 사람이 협력자가 된다.

야성을 잃지 마라

고양이가 쥐를 잡지 못하면?

필자가 강의장에서 이런 질문을 했다. "카우보이(cowboy) 아시죠? 뭐 하는 사람입니까?" 그러자 "소를 돌보는 사람이요"라고 대답했다. 다시 물었다. "카우보이에게 소가 없다면 어떻게 됩니까?" 한 교육생이 "그냥 보이(boy)네요"라고 대답했다. 강의장에 웃음이 터져 나왔다. 카우보이(cowboy)에서 소(cow)가 없으니 그냥 보이(boy) 아니냐는 말이다. 카우보이는 미국 서부 농장에서 소를 돌보던 사람을 일컬었다. 소를 돌봐야 하는 카우보이에게 소가 없으면 그는 카우보이가 아니다. 그냥 보이(boy)일 뿐이다.

여기 고양이가 한 마리 있다. 그 옆을 쥐가 어슬렁거린다. 고양이는 어떻게 하는가? 본능적으로 쥐를 잡는다. 그런데 요즘 집에서 기르는 고양이는 쥐를 잡을 줄 모른다. 쥐가 옆에서 어슬렁거려도 잡지 못한다. 야성을 잃었기 때문이다. 고양이는 본능적으로 쥐를 잡아야 한다. 고양이가 쥐를 잡지 못한다면 이제 더는 고양이가 아니다. 생김새만 고양이일 뿐이요, 이름만 고양이일 뿐이다.

강의하면서 교육생에게 "매니저는 본능적으로 무엇을 해야 합니까?"라고 물었다. 그러자 교육생들이 "리크루팅이요"라고 대답했다. "그런데 매니저가 리크루팅을 할 줄 모른다면 그는 매니저입니까? 아닙니까?"라고 물었더니 "그래도 매니저입니다"라고 대답했다. 다시 한 번 웃음이 터져 나왔다. 고양이가 쥐를 잡지 못하면 고양이가 아니듯 매니저가 리크루팅을 할 줄 모른다면 더는 매니저가 아니다. 이름만 매니저일 뿐이다.

야성을 잃지 마라. 고양이가 야성을 잃으면 고양이가 아니듯 매니저가 야성을 잃으면 매니저가 아니다.

리크루팅에 살고 리크루팅에 죽는다

야구영화 〈퍼펙트 게임〉에서 이런 말이 나옵니다.

'일구일생 일구일사(一球一生 一球一死).' 공 하나에 살고 공 하나에 죽는다는 뜻이다. 고 최동원 선수에게 고등학교 야구감독이던 스승이 선물해준 족자에 있는 문구이다. 영화에서 최동원 선수는 이 문구대로 목숨을 걸고 공 하나하나를 던졌다. '일구일생 일구일사.' 이 문구는 치열함과 뜨거움, 자존심을 걸고 공을 던졌던 최동원 선수를 잘 표현한 것 같다.

"이 영화를 보고 나서 저를 다시 돌아보았습니다. 과연 나는 치열하게, 뜨겁게, 자존심을 걸고 하루하루를 던지고 있는가?"

"최동원 선수가 '일구일생 일구일사, 즉 공 하나에 살고 공 하나에 죽는다'였다면 '나는 리크루팅에 살고 리크루팅에 죽는다'는 생각으로 임할 것입니다."

리크루팅에 올인하라

"분식점과 전문 음식점의 차이가 무엇인지 아세요? 분식점에는 메뉴가 많고 전문 음식점에는 메뉴가 몇 개밖에 없어요."

분식점에는 된장찌개, 김치찌개, 참치찌개, 냉면, 국수, 오므라이스, 돈까스 등 다양한 메뉴가 붙어 있다. 음식 백화점이다. 하지만 맛이 없다. 그러니 값을 제대로 받지 못한다. 사람들은 싼 맛에 분식집을 찾는다. 그러나 전문 음식점의 메뉴는 한정되어 있다. 냉면 전문점에서는 냉면만 판다. 돈까스 전문점에서는 돈까스만 판다. 스파게티 전문점에서는 스파게티만 판다. 음식이 맛있다. 가격은 다소 비싼데도 사람들은 전문 음식점을 선호한다.

분식집 요리사는 아마추어이고, 전문 음식점 요리사는 프로이다. 아마추어는 이것저것 마구잡이로 음식을 만들고, 프로는 전공 분야의 음식을 집중적으로 만든다.

"매니저에게도 아마추어 매니저가 있고 프로 매니저가 있어요." 30명의 조직을 이끄는 이 매니저가 한 말이다. 아마추어 매니저는 분식집 요리사처럼 이것저것 닥치는 대로 한다. 리크루팅에 전념해야 하는데도 급하면 영업 활동도 한다. 분식집에서 김치찌개도 만들고 냉면도 만드는 것과 같다. 전공이 무엇인지 모른다. 그러니 영업도 못하고 리크루팅도 못한다. 그러나 프로 매니저는 오로지 조직영업에만 몰입한다. 조직에 살고 조직에 죽는다는 일념으로 조직 도입에만 모든 역량을 투입한다. 전문 음식점에서 한 분야 음식으로 승부를 거는 것과 같다.

리·크·루·팅 명장의
One Point Lesson

프로 매니저로 거듭나기

1. 리크루팅, 한 가지에 올인하라.
2. 리크루팅에 살고 리크루팅에 죽어라.
3. 고양이는 본능적으로 쥐를 잡아야 하고, 매니저는 본능적으로 리크루팅을 해야 한다.
4. 리크루팅 못하는 사람은 매니저가 아니다.

급한 것보다 중요한 것을 먼저 하라

리크루팅이 문제가 아니라 내가 문제다

"영업을 못하는 사람에게는 한 가지 특징이 있습니다. 나무에 열린 열매만 따 먹는 수렵 채취형이라는 겁니다."

한 매니저가 영업 못하는 사람과 리크루팅 못하는 사람에게는 공통점이 있다고 하면서 꺼낸 말이다.

사람은 두 종류가 있다. 첫 번째 종류는 나무에 자연적으로 열린 열매를 따 먹거나 지나가는 동물을 사냥해서 먹고 사는 수렵 채취형이다. 두 번째 종류는 씨 뿌리고 물을 주며 식물을 재배하는 경작형이다. 이 두 종류의 사람에게는 분명한 차이점이 있다. 수렵 채취형은 배가 고프다. 먹을거리가 있으면 먹고 없으면 굶을 수밖에 없다. 경작형은 삶이 풍요롭다. 먹을 것이 풍부하고 계획에 따라 조절해서 생산할 수 있다.

영업이나 리크루팅이나 실적이 부진한 사람들은 대부분 수렵 채취형이다. 이들은 당장 먹는 것에만 급급하다. 허기진 배를 채우기 위해 열매 따먹는 데에만 혈안이다. 그들은 경작에는 관심이 없다.

"영업 못하는 사람들은 '영업이 어렵다'는 말을 입에 달고 삽니다. 리크루팅 못하는 사람들은 '리크루팅이 안 된다'는 말을 입에 달고 삽니다. 성서에 자기 눈의 들보는 보지 못하고 남의 눈에 있는 티끌만 본다고 하죠? 그들은 자신의 활동 방법, 즉 수렵 채취형에 문제가 있다는 것을 몰라요. 그러면서 환경만 탓하죠." 영업이나 리크루팅에 문제가 있는 것이 아니라 활동 방법에 문제가 있음을 지적하는 말이다.

급한 것이 먼저냐, 중요한 것이 먼저냐?

"리크루팅에서 성공하려면 명확히 해야 할 것이 하나 있습니다. 급한 것이 먼저냐 중요한 것이 먼저냐를 선택하는 것입니다." 이렇게 말하면서 그는 급한 일보다 중요한 일을 먼저 해야 한다고 강조했다. 급한 일과 중요한 일을 정리하면 다음과 같다.

급한 일	중요한 일
영업	리크루팅
결과	과정
오늘	내일
데려오는 것	배양하는 것
만나는 것	소통하는 것

첫째, 매니저에게 가장 급한 일은 영업이다. 영업이 잘돼야 내가 존재할 수 있기 때문이다. 영업은 우리가 지향하는 궁극적인 목표요 활동 목적이다. 그러면 영업보다 중요한 일은 무엇인가? 리크루팅이다. 리크루팅이 되어야 영업도 있기 때문이다. 식구가 늘어나야 영업 실적도 늘어나기 때문이다.

둘째, 매니저에게는 결과가 급하다. 실적 한 건이 급하고 신입사원 한 명이 급하다. 대부분의 매니저들은 눈앞의 결과에만 집착한다. 실적이 또는 신입사원 한 명이 어떤 과정을 거쳐 어떻게 일어났는지는 관심이 없다. 왜 그럴까? 오늘만 보기 때문이다. 오늘 살기에 급급하기 때문이다. 내일은 내일 문제라고 생각하기 때문이다.

셋째, 매니저에게는 한 명이라도 데려오는 일이 급하다. 이번 달에 꽝이면 안 된다. 어떻게든 데려와야 한다. 그러나 리크루팅 대상자를 찾고 친분관계를 쌓는 배양활동은 하지 않는다. 당장 급한 것은 오늘 누구를 만날 것이냐이다. 평상시 그 사람과 어떻게 소통했는지는 생각하지 않는다. 무조건 만나려고 덤벼든다.

오늘보다 내일을 먼저 생각하라

"생각을 바꿔야 합니다. 행동을 바꿔야 합니다. 하루살이, 메뚜기 정신으로는 성공하지 못합니다." 그가 결론적으로 던진 말이다.

하루살이는 내일을 모른다. 내일을 살아보지 못했기 때문이다. 하루밖에 살지 못하기에 내일을 생각하지 못한다. 메뚜기는 내년을 모른다. 한철밖에 살아보지 못했기에 내년을 모른다. 개구리는 남쪽 나라를 모른다. 겨울이 되면 겨울잠을 자기에 따뜻한 남쪽 나라가 있음을 모른다. 급한 일에 매달리는 사람은 하루살이, 메뚜기요 개구리 같은 사람이다. 그들에게는 내일이 없고 내년이 없고 따뜻한 남쪽 나라가 없다. 중요한 일을 먼저 하는 사람에게만 내일이 달라지고 풍요로운 내년이 찾아오고 따뜻한 세상이 열린다.

영업이든 리크루팅이든 급한 것보다 중요한 것을 먼저 해야 함을 잊지 마라.

리·크·루·팅 명장의
One Point Lesson

급한 일과 중요한 일 구분하기

1. 오늘보다 내일이 더 중요하다.
2. 영업보다 리크루팅이 더 중요하다.
3. 결과보다 배양이 더 중요하다.
4. 만나는 것보다 소통이 더 중요하다.
5. 수렵 채취형이 아니라 경작형이 되어야 한다.

1%의 가능성만 있어도 도전하라

거절을 즐겨라

"에디슨은 천재는 99%의 노력과 1%의 영감으로 이루어진다고 했습니다. 저는 이 말을 이렇게 바꾸어 말합니다. 리크루팅은 99%의 거절과 1%의 가능성으로 이루어진다고요." 서울에서 한 매니저를 만났다. 그는 리크루팅을 잘하는 비결이 1%의 가능성만 있어도 도전했기 때문이라고 했다.

리크루팅 대상자 중에 가능성이 100%인 사람은 없다. 리크루팅 대상자의 가능성이 50%라면 네잎클로버를 찾은 것처럼 엄청난 행운이다. 가능성이 30%인 사람을 만났다면 행운이 아닐 수 없다. 리크루팅은 무(無)에서 유(有)를 창조하는 일이라고 한다. 이 말은 가능성이 0%인 사람을 100%가 되게 만드는 일이 리크루팅이라는 것이다. 그러니 가능성이 1%만 보여도 당연히 도전해야 한다. 1%를 100%로 만들려면 거절을 즐길 줄 알아야 한다.

"〈약속〉이라는 영화를 봤습니다. 이 영화에 리크루팅 비법이 나옵니다."
이 매니저가 〈약속〉에서 1%의 가능성만 있어도 도전하는 리크루팅 비법을 발견했다고 하면서 하는 말이다.

"싸움을 잘하려면 어떻게 해야 해요?"
"즐겨야 해요."
"때리는 걸요?"
"아뇨, 쥐어 터지는 거요."

〈약속〉에서 전도연의 질문에 박신양의 대답은 의외로 단순했다. 싸움을 잘하는 비결은 맞고 터지기를 즐겨야 한다는 것이다. 그래야 두려움이 없어진다는 것이다.

하나만 바꿔라

"지금의 화두는 '위기관리'라고 합니다. 위기를 극복해야 도태되지 않고 안정된 삶을 살 수 있다고 합니다." 이렇게 말하면서 그는 위기를 기회로 바꿔야 하는 것처럼 리크루팅에서 거절을 기회로 바꿔야 한다고 목소리를 높였다.

우리는 흔히 위기(危機)에는 위험(危險)과 기회(機會)가 같이 들어 있다고 말한다. 즉 위험을 잘 극복하면 기회로 바뀐다는 것이다. 리크루팅에서 거절은 위기라 할 수 있다. 그러나 한편으로는 기회가 된다는 사실도 잊어서는 안 된다.

Change라는 영어 단어는 변화라는 뜻이다. 이 단어에서 알파벳 하나만 바꾸어 보라. 그러면 뜻이 기회라는 단어로 바뀐다. 즉 change에서 g를 c로 바꾸면 chance가 된다. 리크루팅에서 거절을 기회로 바꾸는 방법이 있다. 그것은 생각을 바꾸는 것이다. 오늘의 거절은 내일의 승낙이 될 수 있다.

   "여기 이 사원은 제가 2년 동안 30번도 넘게 찾아간 사람입니다. 처음에는 저를 만나기도 싫어했습니다." 그가 이렇게 말하면서 한 사원의 사례를 말해주었다.

   그 사원은 다른 회사에서 활동 경력 5년차로 일을 잘하고 있던 사람이었다. 매니저는 그 사람을 한 번 만나보고 홀딱 반했다. 이런 사람이 우리 팀에 있어야 한다는 생각이 들었다. 그래서 2년 동안 수도 없이 찾아갔다. 아침에도 찾아가고 저녁에도 찾아가고…. 처음에는 무척 강하게 거절해서 심한 모멸감도 느꼈다. 그래도 찾아가고 또 찾아가 32번째 만남에서 결국 성공했다.

And는 있어도 End는 없다

   "전 리크루팅 대상자를 잘 삐치는 애인이라고 생각합니다." 그 매니저는 이렇게 말하면서 리크루팅은 사랑하는 사람을 대하듯 해야 한다고 했다.

   그가 말하는 리크루팅 '애인론'을 들어보자. 사랑하는 사람이 있다. 왜 그런지는 모르지만 사랑하는 사람이 삐쳤다. 그러면 어떻게 하는가? 애인이 삐쳤다고 해서 실망하지 않는다. 그의 관심을 어떻게 끌어낼지 연구할 것이다. 이 방법이 좋을까, 저 방법이 좋을까. 삐친 마음을 달래줄 방법을 찾고 또 찾을 것이다. 어떻게 달래줄까? 선물을 할까, 맛있는 것을 먹으러 갈까 고민하고 또 고민할 것이다.

리크루팅 대상자를 애인 대하듯 하라. 한 번 삐쳤다고 포기하면 그 사람과 결실을 맺을 수 없다. 정말 사랑한다면 삐치는 것도 예쁘게 보인다고 한다.

"1%의 가능성밖에 없는 사람을 우리 식구로 만들려면 and 정신이 필요합니다. End가 아니라 and 정신으로 임해야 합니다. 한 번 거절당했다고 상황이 끝난 것(end)은 아닙니다. 저에게는 계속 찾아가고 찾아가는 and만 있을 뿐입니다." 이것이 그의 리크루팅 성공 비결이라고 했다.

리·크·루·팅 명장의 One Point Lesson

1% 가능성만 있어도 도전하기

1. 무(無)에서 유(有)를 창조하라.
2. 가능성이 100%인 사람은 없다.
3. 가능성이 1%만 있어도 도전하라.
4. 거절을 즐길 줄 알아야 한다.
5. And는 있어도 End는 없다는 정신으로 임하라.

'안 된다'는 말을 없애라

요즘 경기 너무 안 좋다?

연도 챔피언상을 받은 한 매니저에게 질문을 했다. "많은 사람이 활동하기 힘들다고 하는데 매니저님은 힘들지 않으세요?" 혹시나 '예, 요즘 너무 힘드네요'라는 대답이 나오지 않을까 해서 한 질문이었다. 그 매니저는 정색을 하면서 이렇게 말했다.

"날마다 손님들이 길게 줄을 서서 기다리는 식당이 있습니다. 그 식당 주인이 한숨을 쉬면서 '요즘 장사가 너무 안 돼요'라고 말합니다."

그의 말을 요약하면 이렇다. 유명한 식당이 있다. 점심때만 되면 사람들이 길게 줄을 서서 기다린다. 그런데 그 식당 주인은 요즘 장사가 너무 안 된다고 한다.

"손님들이 이렇게 줄을 서서 기다리는데 장사가 안 된다니요?"라고 했더니 그 식당 주인의 대답이 걸작이었다. "말도 마세요. 얼마 전까지는 기다리다 돌아가는 사람이 100명이 넘었는데 지금은 겨우 50명밖에 안 돼요." 하루 매출은 예나 지금이나 변함없는데 돌아가는 사람이 차이가 난다고 해서 장사가 안 된다고 하는 것이다.

"어떻게 느끼느냐는 차이일 뿐입니다. 우리는 습관적으로 힘들다는 말을 합니다." 그 매니저가 이어서 하는 말이 이랬다. "작은 차이가 있을 뿐인데 대부분은 정신적으로 확대 해석하고는 안 된다고 합니다. 제 사전에는 '힘들다, 안 된다'는 말은 없어요. 아니 일부러 지워버렸습니다."

두 종류의 사람이 있다

그 매니저가 다시 얘기를 시작했다. "우리 중에는 오리형이 있고 독수리형이 있습니다." 세상에는 오리형의 사람과 독수리형의 사람이 있다는 것이다. 오리형은 하루 종일 꽥꽥거리며 시끄러운 소리만 낸다. 그의 입에서는 '안 된다, 힘들다, 어렵다'는 소리만 나온다. 불행하게도 그와 함께하는 사람들 입에서도 이런 소리만 나온다.

부정이 부정을 낳는다고 했다. 부정적인 생각, 부정적인 말을 하는 사람에게는 부정적인 결과밖에 없다. 그러나 독수리형의 사람을 보라. 독수리형은 묵묵히 자기 일을 하면서 하늘 높이 날지 않는가? 독수리는 공기의 흐름을 이용할 줄 안다. 수시로 변하는 공기의 흐름을 이용하면서 하늘 높이 날고 있다.

"우리 주변 환경은 수시로 변합니다. 환경이 변한다고 탓할 수는 없지 않습니까? 변하는 환경을 어떻게 이용할지 고민해야죠, 안 그래요? 이런 생각에서 저는 '안 된다, 힘들다' 는 말을 없애버렸어요."

긍정이 30명의 조직을 만들었다

"저의 가장 큰 장점은 '긍정'이라고 할 수 있어요. 모든 것을 긍정적인 시각으로 보는 것이죠." 그가 웃으면서 이야기를 계속했다.

그는 사람을 만나면 항상 긍정적인 이야기만 한다. 똑같은 상황을 어떤 사람은 부정적으로 보고, 어떤 이는 긍정적으로 본다. 그는 자신이 긍정적으로 보고 긍정적으로 해석하는 사람에 속한다고 했다. 그래서 그런지 한 시간 넘게 그와 인터뷰를 하는데 부정적인 표현이 하나도 나오지 않았다. '안 된다, 어렵다, 힘들다'는 표현을 들은 기억이 없다.

"리크루팅 대상자를 만나면 10명 가운데 10명이 '안 된다, 힘들다'고 합니다. 그런 사람들에게 저는 다른 얘기는 안 합니다. 웃으면서 그 사람의 작은 장점을 침소봉대해서 칭찬만 해줍니다. 다음에 만나면 그가 변해 있던데요. 저의 긍정적인 모습에 반했대요." 그가 사람을 얻는 노하우라고 하면서 하는 말이다.

"한 횟집 식당에 갔더니 '금기어'라는 문구가 적혀 있었어요. 홀에서 음식을 나르는 사람을 부를 때 '아줌마, 아가씨, 저기요, 언니' 같은 말을 쓰면 안 된다고 쓰여 있더라고요. 그 대신 '정희 씨'라고 반드시 이름을 불러 달라는 거예요. 저의 팀에도 '금기어'가 있습니다. '안 된다, 힘들다, 어렵다'는 말을 쓰면 안 돼요. 그 대신 '해보자'라는 말만 써야 하죠. 저를 닮아서 그런지 저의 팀원은 모두 긍정적이에요. 저의 팀원이 30명인데, 긍정의 힘이 이런 조직을 만들지 않았나 싶습니다. 영업도 잘하고 리크루팅도 잘하는 비결은 첫째도 긍정, 둘째도 긍정, 셋째도 긍정이라고 생각합니다."

리·크·루·팅 명장의
One Point Lesson

'안 된다'는 말 없애기

1. 오리형이 되지 말고, 독수리형이 돼라.
2. 오리는 하루 종일 꽥꽥 소리만 낸다.
3. 독수리는 하늘 높이 유유히 난다.
4. '안 된다'고 말하는 사람은 오리형, '해보자'고 말하는 사람은 독수리형이다.

'Co-Work' 하라

프로는 덧셈보다 뺄셈을 잘한다

"사칙연산(덧셈, 뺄셈, 곱셈, 나눗셈) 있잖아요? 제가 퀴즈 하나를 낼게요. 우리 삶을 사칙연산으로 표현하면 뭐라고 하는지 아세요?" 한 매니저가 질문했다. 리크루팅은 사칙연산과 같다고 하면서 말이다. 그는 '나이는 뺄셈, 행복은 덧셈, 돈은 곱셈, 웃음은 나눗셈'이라고 했다. 사람은 나이 들수록 한 살이라도 빼고 싶은 것이 공통적인 심리이다. 행복은 날마다 더해지는 것이 좋다. 돈은 굴러서 눈덩이처럼 곱해지는 것이 좋다. 웃음은 서로 나눌수록 좋은 것 아니냐는 것이다.

"리크루팅을 잘하려면 덧셈보다 뺄셈을 잘해야 합니다." 그가 이어서 이렇게 말했다. 리크루팅을 잘하려면 한 사람이라도 더 늘리는 덧셈이 우선되어야 하지 않느냐, 또 있는 조직은 절대로 탈락시키면 안 되니까 뺄셈은 아니지 않느냐고 반문하는 사람이 있을지 모르겠다.

그러나 그의 덧셈과 뺄셈은 그런 말이 아니다. 매니저로서 성공하려면 혼자 모든 것을 짊어지려는 덧셈이 아니라 무거운 짐을 나눠지는 뺄셈이 되어야 한다는 것이다. 어찌 보면 곱셈보다는 나눗셈을 하라는 말일지도 모르겠다. 리크루팅을 잘하려면 혼자 풀려고 하지 말고 같이 풀어가려고 노력해야 한다는 것이 그가 말하는 뺄셈의 원리이다.

프로는 덧셈보다 뺄셈을 잘한다. 모든 스포츠가 그렇다. 아마추어는 덧셈을 잘하고 프로는 뺄셈을 잘한다. 축구를 할 때 결정적인 찬스에서 골을 넣겠다고 힘을 주어 공을 차면 공은 하늘 높이 날아가 버린다. 골프에서 가장 많이 훈련하고 노력하는 부분이 바로 힘을 빼는 일이다. 초보자는 잔뜩 힘이 들어가 있다. 프로는 힘을 빼고 부드럽게 스윙을 한다. 힘을 빼야 한다. 힘이 들어가면 풀리지 않는다.

혼자 가면 멀리 못 간다

"혼자 밥 먹어 본 적 있나요? 전 혼자 밥 먹는 것을 제일 싫어해요." 그가 이어서 이렇게 말했다. 혼자 가려고 하지 말고 같이 가야 한다면서 말이다.

혼자 밥 먹을 때를 생각해보라. 쓸쓸하다. 외롭다. 처량하다. 비참한 생각까지 든다. 맛있는 음식도 맛이 별로이다. 식사는 같이하는 것이 좋다. 이 얘기 저 얘기 하면서 같이 먹으면 같은 음식도 훨씬 맛있게 느껴지고 시간을 즐겁게 보낼 수 있다.

　리크루팅을 혼자서 풀어가는 매니저가 있다. 매니저는 어떻게든 한 명이라도 도입하겠다고 사방팔방으로 뛰어다니는데 팀원들은 아무도 신경 쓰지 않는다. 도움의 손길을 주는 사람이 없다. 그저 자기 일에만 몰두할 뿐이다. 그런 매니저들은 힘들다, 어렵다, 한숨이 저절로 나온다. 금방 지치고 만다. 그리고 결국 포기하는 것을 자주 본다.

　"혼자 밥 먹지 마세요. 마찬가지로 리크루팅도 혼자 풀려고 하지 마세요. 밥은 같이 먹어야 맛있고 리크루팅은 같이 풀어가야 쉽습니다." 리크루팅은 팀원들과 함께 팀워크를 이뤄서 해야 한다면서 그 매니저가 한 말이다.

협력 네트워크를 구축하라

"저희 팀은 매주 월요일 아침에 리크루팅 미팅을 합니다. 이 미팅에서 팀원들이 하는 일은 리크루팅 대상자를 소개해주는 일입니다." 그가 팀원들과 함께 리크루팅을 풀어가는 방법이라고 하면서 이렇게 말을 꺼냈다.

　매주 월요일 아침 미팅 때 팀원들은 주변 사람 중에서, 친구 중에서 또는 고객 중에서 아무 이름이라도 한 명씩을 적어서 매니저에게 제출한다. 적어 내는 사람이 우리 식구가 될 가능성이 있느냐는 나중 문제라고 그는 강조한다. 30~40대이면 누구라도 적어내면 된다고 했다. 그 사람이 현재 일을 하고 있든 아니면 경쟁업체에서 근무하든 생각하지 않는다. 아무 이름이나 적어내면 된다는 것이다. 이것이 그가 팀원들과 함께 리크루팅을 풀어가는 방법이라고 했다.

"저는 사원들에게서 협력을 얻어내기 위해 노력을 많이 했습니다. 저도 사원일 때는 그랬지만 다들 자기 일밖에 모르잖아요. 사원에게 영업이 우선이지 리크루팅이 우선이 아니잖아요?" 그가 웃으면서 하는 말이다. 자기 일밖에 모르는 사원을 어떻게 리크루팅에 협조하게 만들지 고민해야 한다고 했다.

'혼자 가면 멀리 갈 수 없다'고 한다. 이 말은 멀리 가려면 같이 가야 한다는 말일 것이다. 리크루팅은 혼자 하는 일이 아니다. 무엇보다 주변 사람들의 도움이 있어야 쉽게 풀어갈 수 있는 것이 리크루팅이다. 리크루팅은 사원들과 함께, 주변 사람들과 함께 풀어가는 협력 체제를 만드는 것이 중요하다.

리·크·루·팅 명장의
One Point Lesson

리크루팅 협력 체제 구축하기

1. 혼자 풀려고 하지 마라.
2. 사원들의 협력을 얻어내는 시스템을 만들어라.
3. 소스는 사원들에게서 나온다.
4. 월요일 아침은 리크루팅 미팅을 하라.
5. 사원을 내 편으로 만드는 일에 주력하라.

'Give and Give'가 옳다

'Take and Take 형'은 안 된다

대전에서 조직 분할을 두 번이나 하고, 지금도 20명이 넘는 조직을 이끄는 매니저를 만났다.

"저에게는 멘토가 한 분 계십니다. 저를 도입하고 키워주신 선배 매니저입니다. 그에게서 철저하게 배운 것이 하나 있습니다. '주고 잊어버리라'라는 말입니다."

선배 매니저가 '주고 잊어버려라. 즉 주되 받으려고 하지 말라'고 했다는 것이다. 사람을 관리하는 매니저는 주는 것만 알고 받는 것은 몰라야 한다고 했다는 것이다. 그는 오늘도 자기를 키워준 선배 매니저의 가르침을 현장에서 실천하려고 노력한다고 했다. 매니저는 왜 Give and Give 자세로 살아야 하는지를 그는 이렇게 말했다.

매니저의 유형은 세 종류로 나뉜다. 실패하는 매니저, 그저 그런 매니저, 성공하는 매니저이다.

"실패하는 매니저들은 대부분 'Take and Take(무조건 받기)' 형입니다. 자기 자신밖에 모르는 사람들이죠. 선배 매니저가 제게 가르쳐준 것은 자신의 이익만 챙기는 Take and Take 형이어서는 안 된다는 것이었습니다. 그런데 주변에는 이런 유형의 매니저들이 너무 많습니다."

리크루팅은 사람을 상대로 하는 비즈니스이다. 대인 비즈니스에서 실패하는 대표적인 유형이 'Take and Take 형'의 사람이다. '소탐대실(小貪大失)'이라는 말이 있다. 작은 것을 탐내다 큰 것을 잃는다는 말이다. Take and Take 형의 사람은 소탐대실하는 사람들이다. 작은 것에만 집착한다. 눈앞의 이익에만 관심이 있다. 자신의 욕심을 채우는 데 급급하다. 남에게 베푸는 것을 모른다. 그러다 보니 신뢰를 얻지 못하고 조직이라는 큰 것을 잃는다.

'Give and Take'도 아니다

"두 번째로 영업이나 리크루팅 실적이 그저 그런 매니저에 속하는 사람들은 대부분 'Give and Take(주고받기)형' 입니다. 베풀되 꼭 되돌려 받으려고 하는 사람들입니다. 이런 사람들은 매니저로 성장하는 데 한계가 있습니다."

일반적인 사람과의 관계에서는 Give and Take가 맞다. 주는 것이 있어야 받는 것이 있다. 그러나 조직을 관리하는 매니저에게 이 말은 틀렸다. 리크루팅을 위해서는 이 말은 틀렸다. Give and Take 자세로 임하는 사람에게는 주고받는 '거래'라는 개념이 자리 잡기 때문이다. 상대방에게 하나를 주면 항상 하나를 되돌려 받아야 한다는 생각이 있다. 상대방이 그 하나를 돌려주지 않으면 상대방을 서운하게 생각하고 삐치기까지 한다.

"선배 매니저가 잔소리처럼 말했어요. 조직 관리는 주고받는 거래 관계가 아니라고. 조직을 관리하는 매니저는 나눔과 섬김의 자세로 임해야 한다고 했죠."

Give and Take 자세는 일대일 동등한 관계를 원한다. 내가 주면 상대방도 주어야 동등해지는 것이다. 여기에는 나눔과 섬김이 없다. 봉사와 희생도 없다. 상대방 배려도 없다.

'Give and Give' 자세로 임하라

"매니저로 성공하려면 Give and Take에 쉼표 하나를 넣어야 합니다. 즉 Give, and Take 자세로 임해야 합니다. 이 말은 '주어라, 그리하면 받게 된다'는 뜻입니다. 이 쉼표가 나눔과 섬김의 정신입니다. 멘토가 제게 가르쳐준 말입니다." 이 매니저가 이어서 들려준 말이다.

쉼표를 더한 Give, and Take에는 주되 받지 말라는 뜻이 들어 있다. 주되 잊어버리라는 말이다. Give and Give 하라는 말이다.

"리크루팅 잘하는 비결을 물으면 저는 이렇게 대답합니다. 사람을 내 편으로 만들려면 주되 잊어버려야 한다는 말, 베풀되 받으려고 하지 말아야 한다는 선배의 말을 잊지 않고 실천하는 것뿐입니다."

그가 팀원들에게 인기가 많은 이유는 주기만 하고 받으려 하지 않기 때문이다. 사람들이 그에게 호감을 갖는 이유는 주기만 할 뿐 돌려받으려 하지 않기 때문이다. 그는 주는 것만 알지 받는 것을 모르는 사람이라고 했다. 어떻게 보면 바보스럽게 느껴진다. 어떻게 보면 이용당하기 쉬운 사람일 수도 있다. 그런데 그가 조직 관리를 잘하고 리크루팅을 잘하는 이유는 무엇일까? Give and Give 자세로 희생과 봉사와 섬김의 마음이 기적을 만드는 것 아닐까?

리·크·루·팅 명장의
One Point Lesson

Give and Give 자세로 임하기

1. 주고 잊어버려라.
2. 주되 받으려고 하지 마라.
3. 주는 것을 즐겨라.
4. 섬김과 봉사와 희생의 정신으로 임하라.

'따로국밥' 먹지 마라

밥 따로 국 따로, '따로국밥'

대구에서 강의를 마치고 잠시 쉬는데 매니저 한 사람이 강사 대기실로 찾아왔다. 명함을 건네면서 자기를 소개한 뒤 이 얘기 저 얘기 하다가 대뜸 "대구의 유명한 음식이 무엇인지 아세요?"라고 물었다. "글쎄요" 하면서 대답을 못했더니 그가 "따로국밥입니다. 대구에서는 밥과 국이 따로 나오는 따로국밥이 유명해요. 그런데 리크루팅을 잘하려면 따로국밥을 먹어서는 안 된다고 생각해요"라고 말했다.

    그는 대구·경북 지역에서 리크루팅으로 유명한 매니저라고 나중에 전해 들었다. 영업에서도 두각을 나타냈지만 리크루팅으로 더 유명하단다.

옛날 시골 장터에는 국밥이 있었다. 전통적인 국밥은 국에 밥을 말아 나온다. 하지만 대구 지역에서는 밥과 국이 따로 나오는 따로국밥이 유명하다. 왜 따로국밥이 생겼을까? 첫째는 '양반 체면설'이다. 양반들이 밥과 국을 섞어 먹는 것이 체면에 맞지 않아 밥 따로 국 따로 달라고 한 것이 시초라는 것이다. 둘째는 '잔반 활용 방지설'이다. 팔다 남은 밥을 말아주는 것을 막기 위해 밥을 따로 달라고 해서 따로국밥이 생겼다는 것이다. 셋째는 '밥 양 속이기 예방설'이다. 밥의 양을 속이는 것을 막기 위해서 밥을 따로 달라고 했다는 것이다. 따로국밥이 생긴 이유야 어쨌든 밥 따로 국 따로 나오는 '따로국밥'은 이제 대구를 상징하는 국밥이 되었다.

고정관념을 버려라

"리크루팅을 잘하려면 따로국밥을 먹으면 안 됩니다. 즉 영업과 리크루팅을 따로 생각하면 안 된다는 것이죠. 그런데 사람들은 영업과 리크루팅을 따로 생각해요."

그 매니저가 계속해서 말했다.

왜 사람들은 리크루팅을 따로국밥으로 풀려고 할까? 그 현상을 정리하면 대략 이렇다.

첫째는 고정관념 때문이다. 영업과 리크루팅은 별개라고 생각하는 것이다. 많은 사람이 '영업은 하겠는데 리크루팅은 못하겠다'고 한다. 그들은 영업과 리크루팅을 전혀 다른 것으로 생각한다. 그런 사람에게 이런 질문을 하고 싶다. 영업과 리크루팅의 공통점은? 바로 사람을 상대로 한다는 점이다. 영업도 사람 상대, 리크루팅도 사람 상대이다. 그 뿌리는 하나다. 그러니 방법도 똑같다.

둘째는 자기 합리화 때문이다. 리크루팅 결과가 신통치 않음을 변명하기 위해 리크루팅과 영업을 별개로 취급하는 것이다. 그러나 실제를 보라. 영업을 못하는 사람은 리크루팅도 못한다. 영업을 잘하는 사람이 리크루팅도 잘한다. 이는 무엇을 말하는가? 영업과 리크루팅은 같이 간다. 영업과 리크루팅은 하나다. 영업이나 리크루팅이나 사람 관리를 잘하는 사람이 뛰어난 성과를 나타낸다.

따로국밥 먹지 마라

"저도 처음에는 영업과 리크루팅을 별개로 생각하는 '따로국밥'을 먹었어요. 그러나 지금은 영업과 리크루팅을 하나로 생각하는 전통 국밥, 즉 '하나로 국밥'을 먹습니다. 저는 영업하는 날 따로 있고, 리크루팅하는 날 따로 있는 것이 아니라고 생각해요. 영업과 리크루팅은 동시에 일어나죠. 월초에는 리크루팅하느라 야단법석이다가 중순 이후에는 리크루팅은 내팽개치고 영업에만 집중합니다. 이런 식으로 따로국밥을 먹으면 리크루팅은 못해요."

리크루팅은 따로국밥으로 풀어가면 안 된다. 영업하는 날 따로 있고, 리크루팅하는 날 따로 있는 것이 아니다. 영업하는 방법 따로 있고, 리크루팅하는 방법 따로 있는 것이 아니다. 영업이나 리크루팅이나 핵심은 사람 관리이다. 영업과 리크루팅 둘 다 사람 관리를 잘해야 한다. 평상시 사람 관리에 얼마나 집중하느냐에 따라 영업과 리크루팅을 잘하느냐 못하느냐가 달라진다. 이제 따로국밥 먹지 말고 하나로 국밥을 먹어라. 즉 영업도 사람 관리, 리크루팅도 사람 관리가 핵심 포인트임을 명심하고 사람 관리에 모든 활동력을 집중하라.

리·크·루·팅 명장의 One Point Lesson

고정관념 없애기

1. 따로국밥 먹지 마라.
2. 리크루팅과 영업은 별개가 아니다.
3. 리크루팅이나 영업이나 사람 관리가 핵심이다.
4. 사람 관리에 활동력을 집중하라.

기본으로 돌아가라

왜 '뻥' 축구인가?

"한국 축구를 '뻥' 축구라고 한 적이 있었습니다. 결정적인 찬스에 뻥 하고 공중으로 공을 날려 버렸기 때문입니다." 대전에서 만난 매니저가 리크루팅 이야기를 하다가 한 말이다. 축구든 리크루팅이든 기본에 충실해야 한다고 하면서 말이다.

스포츠에서 가장 중요한 것은 기본기다. 기본이 제대로 되어 있어야 훌륭한 선수로 발전할 수 있기 때문이다. 한국 축구가 뻥 축구였던 것은 기본이 제대로 되어 있지 않았기 때문이다. 그렇다 보니 결정적인 순간에 기회를 허망하게 날려 버린 것이다.

리크루팅을 잘하려면 기본에 충실해야 한다. 리크루팅을 잘하는 사람과 못하는 사람의 차이점은 기본에 충실한지 아닌지에 있다. 스포츠에서 기본을 제대로 다진 사람은 프로선수가 되고 기본이 제대로 되어 있지 않은 사람은 아마추어밖에 되지 않는 것처럼, 기본에 충실한 사람은 프로 매니저로 성장하지만 기본을 소홀히 하는 사람은 아마추어 매니저밖에 되지 못한다.

이번 달에 리크루팅에서 왜 '꽝'을 쳤는가? 아니 지난달도 '꽝'을 쳤고 이번 달도 왜 '꽝'을 쳤는가? 그 원인은 기본을 지키지 않았기 때문이다. 뻥 축구를 해서는 안 되는 것처럼 매니저는 뻥 리크루팅을 해서는 안 된다.

기본에 충실하라

"세일즈에서 가장 기본은 사람을 찾는 것입니다. 리크루팅에서도 가장 기본은 사람을 찾는 것입니다. 둘 다 똑같습니다." 세일즈나 리크루팅이나 사람을 상대로 하는 일이기에 사람을 찾는 것이 가장 기본이라고 하면서 이 매니저가 한 말이다.

세일즈 활동에서 가장 기본이 되는 공식이 있다. 프로 세일즈맨이라면 누구나 기본적으로 지키는 활동 공식이다. 그것은 Plan(계획)→Do(실천)→See(검토)하라는 것이다. 아침에 활동 계획을 세우고 그 계획에 따라 낮에 고객들을 만나고 저녁에는 그날의 활동 결과를 검토하는 것이다. 이것을 구체적으로 행동으로 옮기는 것이 아침에 공략 대상자를 찾고, 오후에 그 사람들과 친해지는 친숙 활동을 하고, 오늘 만났던 결과를 저녁에 점검해보는 것이다. 즉 공략 대상자 찾기→친숙 활동→결과 점검을 하는 것이 세일즈 활동의 기본 공식이다. 이것이 몸에 익어야 프로 세일즈맨이 될 수 있다.

"신인이 들어오면 제일 먼저 가르치는 것이 갈 곳을 만들어주는 것입니다. 즉 공략 대상자를 찾는 일부터 가르칩니다. 그리고 그 사람들을 어떻게 접촉할지 가르치죠. 즉 친숙 활동을 몸에 익히게 합니다. 저녁에는 오늘 만난 사람들을 점검하게 합니다." 신인 활동 지도에서 제일 먼저 세일즈의 기본부터 몸에 익히게 해야 한다면서 이 매니저가 한 말이다.

리크루팅 활동도 같다. 공략 대상자 찾기→친숙 활동→결과 점검하는 일을 날마다 습관적으로 해야 한다. 이것을 지키는 사람은 리크루팅을 쉽게 풀어가는 것이고 이것을 실천하지 않는 사람은 리크루팅을 풀지 못해 마음고생만 하는 것이다.

기본이 있어야 응용도 있다

"기본기가 제대로 몸에 밴 선수는 순발력이 뛰어납니다. 기본기가 바탕이 되어 있기 때문에 그것으로 인한 응용 동작이 나오는 것이지요." 리크루팅은 무엇보다도 기본 활동을 제대로 실천해야 한다면서 이 매니저가 한 말이다.

운동도 기본기에서 응용 동작이 나오는 것처럼 리크루팅도 기본 활동에서 응용 동작이 나온다. 리크루팅에서 가장 기본적인 것, 즉 대상자를 찾는 일을 제일 먼저 해야 그다음에 그 사람을 상대로 이벤트를 만든다거나, 선물을 준다거나, 찾아간다거나 하는 응용 동작을 할 수 있는데 기본 활동이 없으면 다음 동작으로 연결되지 않는다. 또 대상자를 찾는 기본 활동이 이루어져야 이 사람이 안 되면 다른 사람을 공략하는 순발력을 발휘할 수 있다.

운동선수가 슬럼프에서 탈출하기 위해서 제일 먼저 하는 훈련이 기본기 훈련이다. 기본기가 흐트러지면 응용 동작이 나오지 않기 때문이다. 리크루팅이 안 되는가? 그러면 한번 반추해보라. 내가 지금까지 기본 활동을 제대로 실천해왔는가? 잊지 마라. 운동을 하든 리크루팅을 하든 기본을 제대로 익히고 실천해야 성공할 수 있음을….

리·크·루·팅 명장의
One Point Lesson

기본으로 돌아가라

1. 기본에 충실해야 성공한다.
2. Plan(계획)→Do(실천)→See(검토)가 세일즈의 기본이다.
3. 대상자 찾기→친숙 활동→결과 점검이 리크루팅의 기본이다.
4. 기본을 지켜야 순발력이 나온다.

날마다 'BEST' 하라

'BEST'라는 말은?

"리크루팅 방법이요? 전 특별한 것 없어요. 그냥 하루하루 최선을 다하는 것뿐이에요. 굳이 이름을 붙인다면 'BEST 작전'이라고나 할까요." 서울 지역에서 조직부문 챔피언상을 받은 한 매니저가 이렇게 인터뷰를 시작했다.

그가 말하기를 리크루팅은 진인사대천명(盡人事待天命)의 자세가 필요하다고 했다. 리크루팅을 위해서 내가 할 수 있는 일에 최선을 다하고 나서 리크루팅 대상자의 선택을 기다려야 한다는 것이다.

우리는 흔히 최선을 다하라고 할 때 '진인사대천명'하라고 한다. 이는 사람으로서 해야 할 일을 다하고 하늘의 뜻을 기다리라는 말이다. 여기에서 '사람으로서 해야 할 일을 다하고'라는 말은 무슨 뜻인가? 하루하루 해야 할 일에 최선을 다하라는 말이다. 힘을 남겨서는 안 된다는 말이다. 적당히 하거나 대충대충 해서도 안 된다는 말이다. 더 할 수 없을 정도가 될 때까지 모든 힘을 쏟아 부어야 한다는 말이다. 그리고 나서 하늘의 뜻을 기다리라는 말이다.

BEST를 실천하라

"리크루팅은 믿음을 얻는 것이 첫째입니다. 그래야 함께 즐거움을 나눌 수 있고 만날 때마다 기쁜 마음으로 웃을 수 있죠. 이렇게 되면 서로 감사하는 마음을 갖게 됩니다. 이런 관계가 베스트 관계입니다. 저는 이런 관계를 위해서 날마다 BEST를 실천합니다." 이렇게 말하면서 그가 매일 실천하고 있다는 베스트 방법을 소개했다.

첫 번째가 Basic(기본)이다. 무엇보다 기본에 충실해야 한다는 것이다. 리크루팅에서 기본은 무엇인가? 리크루팅 대상자를 찾는 것이 기본 중에 기본이다. 이는 옷을 입을 때 첫 단추를 잠그는 것과 같다. 첫 단추를 잘못 잠그면 그다음은 엉망이 된다. 리크루팅에서 대상자를 찾는 일에 실패하면 그다음은 뻔하다. 꽝 치는 일밖에 없다.

두 번째가 Easy(쉽게)이다. 리크루팅 대상자에게 부담감을 주면 안 된다. 쉽게 만날 수 있게 해야 한다. 그러려면 설득하려고 덤비면 안 된다. 찾아가는 사람도 기다리는 사람도 부담감을 갖지 않도록 하는 것이 중요하다. 서로 쉽게 만날 수 있는 관계가 되도록 노력해야 한다.

세 번째가 Simple(단순하게)이다. 리크루팅을 복잡하게 생각하지 마라. 나도 단순해야 하고 리크루팅 대상자도 단순하게 생각할 수 있어야 한다. 나는 그냥 한 사람 더 알아가는 것이라 생각하며 얼굴 익히기에 집중하고, 상대방도 내가 찾아오는 것이 그다지 싫지 않게만 하면 된다.

네 번째가 Today(오늘)이다. 오늘이 최후의 날인 것처럼 살라고 했다. 결과는 나중에 생각하고 오늘 내가 해야 할 도리만 다하라. 오늘 내가 그를 위해 해줘야 할 일에만 집중하라. 그리고 선택은 그가 하게 만드는 것이다.

정리하면 이렇다. 리크루팅에서 진인사대천명 하는 방법은 리크루팅 대상자를 찾는 기본적인 일에 최선을 다하고 대상자에게는 단순하게 접근해 부담감을 갖지 않게 하는 것이다. 이를 위해서는 설득하기 위해서 그를 찾아가는 것이 아니라 날마다 눈도장 찍는 일에만 집중한다. 이 방법으로 오늘도 최선을 다한다고 했다. 그랬더니 리크루팅이 되더라는 것이다.

'우연'을 '필연'으로

'최선'이라는 말을 영어로 바꾸면 'Best'가 된다. 리크루팅 활동에서 베스트하라는 말은 리크루팅 대상자와 베스트의 관계를 만들라는 뜻이다. 그에게 어떤 관계가 베스트 관계냐고 물었다.

"그것도 모르세요? BEST라는 말은 Believe(항상 서로 믿고), Enjoy(같이 즐길 수 있고), Smile(바라만 봐도 웃을 수 있고), Thanks(서로에게 감사한다)는 뜻 아닙니까?" 이런 관계를 만들기 위해서 하루하루 베스트해야 한다고 그는 강조한다. 이런 관계를 만들어 놓고 리크루팅 대상자의 선택을 기다리는 것이 진인사대천명 하는 것이라고 그는 말한다.

"언젠가 이런 글을 읽은기억이 납니다. '실피하는 사람은 인연을 만나도 인연인 줄 모르고, 보통사람은 인연을 만나도 인연을 살리지 못하고, 성공하는 사람은 옷깃을 스치는 인연까지도 살린다'라고 합니다." 그가 한 말이다.

실패하는 매니저는 인연을 만나도 인연인지 모르고 그냥 스쳐 지나가 버린다. 보통 매니저들은 인연을 만나도 그 인연을 살리지 못한다. 성공하는 매니저만이 옷깃을 스치는 인연도 살려내는 것이다. 우리는 사람을 얻기 위해서 날마다 베스트해야 한다. 리크루팅 대상자와 비스트 관계를 만들기 위해서 오늘 당장 베스트(BEST)를 실천하라.

리·크·루·팅 명장의
One Point Lesson

리크루팅의 'BEST 작전'

Basic   : 기본에 충실하라. 리크루팅 대상자 찾는 일이 기본 중의 기본이다.
Easy   : 부담감을 주지 마라. 쉽게 만날 수 있게 하야 한다.
Simple : 단순하게 생각하라. 설득하기 위해 만나지 말고 눈도장 찍기 위해 만나라.
Today   : 오늘 눈도장 찍는 일에만 최선을 다하라.
          그리고 상대방의 선택을 기다려라.

'Do Do Do' 하라

즉시 하라

"휴가 때 《일본전산 이야기》를 읽었습니다. 이 책을 읽고 나서 제 행동 모토를 바꿨습니다." 30대 후반의 매니저가 한 말이다. 책상 앞에 'Do Do Do'를 붙여 놓고 하루 24시간, 1년 365일을 리크루팅하기 위해서 밖으로 뛰쳐나가고 있다고 했다.

《일본전산 이야기》에는 '불황기 10배 성장, 손대는 분야마다 세계 1위, 신화가 된 회사'라는 부제가 붙어 있다.

일본전산을 세계 최고 기업으로 만든 것은 '즉시 하라(Do it now), 반드시 하라(Do it without fail), 될 때까지 하라(Do it until completed)'라는 행동 철학에 있다고 말한다. '할 것이 생각나면 바로 실행하고, 반드시 될 때까지 해야 한다'는 것이 이 책의 주제다.

> **'Do Do Do' 행동 전략**
>
> Do it now(즉시 하라).
> Do it without fail(반드시 하라).
> Do it until completed(될 때까지 하라)

"이 책을 읽고 나서 제 책상 앞에 이렇게 붙여 놨어요. 제 행동 모토를 바꾼 겁니다." 그는 이렇게 말했다. 짧은 세 줄이지만 그의 리크루팅에 대한 의연한 결의를 엿볼 수 있다.

그의 행동 모토는 한마디로 '실행력'이라 할 수 있다. '아는 것'과 '행하는 것'은 분명히 다르다. 리크루팅 방법을 모르는 사람은 아무도 없다. 다들 알고는 있는데 행함이 없다는 것이 문제이다. '아는 것이 힘이다.' 철학자 프란시스 베이컨이 한 말이다.

그러나 이 말은 틀렸다. 이 말이 맞는 말이 되려면 단어 하나가 더 들어가야 한다. 즉 '아는 것을 실천해야 힘이다.' 리크루팅은 아는 것에서 끝나면 안 된다. 반드시 행동으로 옮겨야 한다. '어설픈 정신상태의 일류보다 하겠다는 삼류가 낫다.'《일본전산 이야기》에서 한 말이다. Do it now. 지금 당장 밖으로 뛰쳐나가라.

반드시 하라

"판사는 판결문으로 말하고, 세일즈맨은 소득으로 말합니다. 매니저는 리크루팅으로 말해야 합니다." 그가 강조하는 말이다.

프로골퍼는 상금 순위로 존재를 말하고 세일즈맨은 소득 순위로 존재 가치를 나타내는 것처럼 매니저는 리크루팅으로 자신의 존재를 말해야 한다는 것이 그의 주장이다. 프로골퍼는 우승을 위해서 피나는 연습을 한다. 세일즈맨은 계약을 위해서 엄청난 노력을 한다.

매니저는 리크루팅을 하기 위해서 불철주야 뛰어다닌다. 그러나 프로골퍼나 세일즈맨이나 매니저나 결과가 없으면 헛일이다. 중간 과정에 아무리 많은 시간과 노력을 투자했다 하더라도 결과가 신통치 않으면 존재 가치가 없다는 말이다.

리크루팅은 반드시 결과를 내야 한다. 중간에 열심히 노력한 것으로 인정받으려 해서는 안 된다. 아니 인정받을 수도 없다. 설령 다른 사람이 인정해 준다 하더라도 그게 무슨 도움이 되겠는가? 격려는 될지 몰라도 내 존재 가치에는 아무런 소용이 없다. 리크루팅은 반드시 신인을 데려와야 한다. 그리고 반드시 정착시켜야 한다.

될 때까지 하라

"성공하는 사람에게는 네 가지 마음이 있습니다. '초심, 열심, 뚝심, 뒷심'입니다. 이 중에서 제일 중요한 것이 뒷심입니다. 특히 리크루팅에서는 무엇보다도 뒷심이 중요합니다." 그가 마무리 말로 말했다.

　매니저로서 성공하려면 설레던 초심을 잃지 말아야 한다. 또 땀 흘리며 리크루팅 대상자를 찾아내고 친분관계를 만들어가는 열심히 하는 모습도 있어야 한다. 더욱이 거절에도 굴하지 않고 찾아가고 또 찾아가는 뚝심도 필요하다. 그러나 반드시 가지고 있어야 할 마음이 뒷심이다. 우리 식구가 될 때까지 끝까지 포기하지 않고 물고 늘어지는 뒷심이 있어야 한다.

　리크루팅에 실패하는 매니저들은 대부분 뒷심이 약하다. 한 번만 더 찾아가고 한 번만 더 밀어붙이면 되는데 뒷심이 약하기 때문에 마지막 단계에서 포기하는 사람들이 많다. 끝까지 물고 늘어져야 한다. 될 때까지 찾아가야 한다. 이것이 뒷심이다.

리·크·루·팅 명장의
One Point Lesson

'Do Do Do 행동 전략'

1. Do it now(즉시 하라) → 실행
2. Do it without fail(반드시 하라) → 결과
3. Do it until completed(될 때까지 하라) → 집념

2장

리크루팅 명장의
소스 발굴

'님을 봐야 뽕을 딴다'고 했다. '물을 봐야 낚시를 할 수 있다'고 했다. 님이 없는데 어떻게 리크루팅이라는 뽕을 딸 수 있으며 물이 없는데 어떻게 낚시를 할 수 있단 말인가? 소스를 찾는 일, 이것이 NQ를 높이는 첫 번째 방법이요, 리크루팅을 성공적으로 수행하는 첫걸음이다.

'NQ'를 높여라

'3척 동자'는 안 된다

"혹시 IQ(지능지수)가 얼마세요? 130이 넘으십니까? 그러시다면 노 땡큐(No, Thank you)입니다." 한 매니저가 웃으면서 하는 말이다. 그는 주장하기를 세일즈맨은 IQ가 높으면 안 된다고 한다. IQ가 높은 사람은 세일즈에서 백발백중 실패한다고 한다. 무슨 말인가? 세일즈맨은 머리가 나빠야 한단 말인가? 성공한 세일즈맨들은 전부 머리가 나쁘다는 말인가? 그런 말이 아니다. 그의 이야기를 들어보라.

"왜 우리가 한 번 만나면 두 번 다시 만나고 싶지 않은 사람이 있잖아요. 밥맛없는 사람 말이에요. 그런 사람들이 누구인지 아세요? 바로 삼척동자입니다."

'3척동자'인 사람이 있다. 3가지 척하는 사람을 3척 동자라고 한다. 잘난 척, 아는 척, 있는 척 하는 사람이 바로 3척 동자이다. 3척 동자는 사람을 가르치려고 덤빈다. 자기가 잘났고 똑똑하기 때문에 사람을 만나면 가르치려고 덤비는 것이다.

삼척동자가 누구인가? 바로 IQ가 높은 사람이다. 이런 사람에게는 사람들이 모이지 않는다. 이런 사람에게는 주변에 있는 사람마저도 떨어져 나간다. IQ가 높은 사람, 즉 삼척동자가 실패하는 이유는 자기중심적이기 때문이다. 사람 관리를 못하기 때문이다.

NQ를 높여야 한다

"IQ 높이려고 하지 마세요. 그 대신 지금부터는 NQ를 높이려고 노력하세요. IQ는 20세기에나 필요했던 것입니다. 21세기는 NQ로 살아가는 세상입니다. 혹시 이런 공식 본 적 있나요?" 하면서 그 매니저가 공식을 하나 보여주었다.

> NQ(네트워크 지수) + EQ(감성지수) = SQ(성공지수)

그는 이것이 리크루팅 성공 공식이라고 했다. 대인 비즈니스에서 꼭 필요한 사람관리 공식이라고 했다. 사람을 상대로 하는 일에서는 첫째 인맥을 찾고 인맥을 관리하는 NQ(네트워크 지수)가 필요하고, 둘째 머리가 아니라 가슴으로 접근하는 EQ(감성지수)가 필요하다는 것이다. 이 두 지수가 합쳐지면 SQ(성공지수)가 올라간다는 것이다.

"인맹(人盲)이라는 말 들어보셨어요? 사람 관리를 할 줄 모르는 사람을 일컫는 말입니다. 21세기에서는 사람 관리를 할 줄 모르는 인맹은 무엇을 하더라도 성공하지 못합니다."

'문맹→컴맹→넷맹→인맹….' 시대 변화에 따라 유행했던 말들이다. 옛날에 문맹인 시절이 있었다. 글을 모르는 사람을 문맹이라고 했다. 그다음에 유행했던 말이 컴맹이었다. 컴퓨터를 사용할 줄 모르는 사람을 컴맹이라고 했다.

얼마 전까지 유행한 말이 넷맹이었다. 인터넷에서 자료 찾기와 채팅이 불가능한 사람을 넷맹이라고 했다. 지금 유행하는 말이 인맹이다. 사람 관리를 제대로 못하는 사람이 인맹이다.

소스 찾는 것부터 시작하라

"리크루팅을 못하는 사람은 대부분 인맹에 속하는 사람들입니다." 그러면서 그는 리크루팅 잘하는 사람과 못하는 사람의 차이점을 다음과 같이 설명했다. 즉 술을 잘 마시는 사람이 있고 술을 못 마시는 사람이 있다. 이 두 사람의 차이점은 무엇일까? 알코올 분해 요소가 있느냐 없느냐는 것이다.

술에 강한 사람은 알코올 분해 요소를 선천적으로 가지고 태어났고 술에 약한 사람은 알코올 분해 요소를 가지지 못하고 태어났다. 리크루팅을 잘하는 사람은 NQ가 높은 사람이고 리크루팅을 못하는 사람은 NQ가 약한 사람이다.

"리크루팅의 첫 번째 조건인 NQ를 높이는 방법은 무엇일까? 그것은 소스를 찾는 일에서 출발합니다." 그 매니저의 설명이 이어졌다.

리크루팅에서 가장 중요한 것은 리크루팅 소스를 찾는 일이다. 즉 리크루팅 대상자를 찾는 일이다. 리크루팅 대상자를 찾는 것이 리크루팅에서 가장 먼저 해야 하고 가장 중요한 일이다. 그러나 매니저들은 대부분 이 부분에서 가장 약하다. 가장 중요하고 가장 먼저 해야 하는 대상자 찾는 일을 가장 못하는 것이다. '님을 봐야 뽕을 딴다'고 했다. '물을 봐야 낚시를 할 수 있다'고 했다. 님이 없는데 어떻게 리크루팅이라는 뽕을 딸 수 있으며 물이 없는데 어떻게 낚시를 할 수 있단 말인가?

소스를 찾는 일, 이것이 NQ를 높이는 첫 번째 방법이요, 리크루팅을 성공적으로 수행하는 첫걸음이다.

리·크·루·팅 명장의
One Point Lesson

$$NQ + EQ = SQ$$

1. 네트워크 지수 : 대상자 찾는 일이 가장 중요하다.
2. 감성지수 : 사람은 머리가 아니라 가슴으로 접근하는 것이다.
3. 성공지수 : 사람 관리를 체계적으로 하라.

인맥지도를 그려라

나침반을 준비하라

"안개가 자욱할수록 나침반이 있어야 하고, 바다가 넓을수록 컴퍼스가 필요하다고 하죠? 리크루팅을 할 때 필요한 것이 나침반과 같은 역할을 해주는 것입니다. 저는 이것을 인맥지도라고 합니다." 한 매니저가 리크루팅 대상자를 구체적으로 찾는 방법을 설명하면서 이렇게 이야기를 시작했다.

안개가 짙게 깔렸을 때를 생각해보라. 앞이 보이지 않는다. 어느 쪽으로 가야 할지 방향을 잡을 수 없다. 이때 방향을 잡아주고 길을 안내해주는 것이 나침반이다. 망망대해를 생각해보라. 보이는 것은 오로지 바다밖에 없다. 어느 방향으로 가야 할지 모른다. 이때 목적지를 안전하게 찾아가도록 알려주는 것이 컴퍼스이다. 내가 어느 위치에 있으며 어느 쪽으로 가야 하는지 지도에서 보여주는 것이다.

리크루팅을 힘들어 하는 사람들을 보라. 그들은 안갯속을 걷는 사람과 같다. 짙은 안갯속에서 헤매듯 리크루팅 대상자를 어디에서 찾아야 할지, 누구를 만나야 할지 방향을 잡지 못하는 사람들이다. 그들에게는 리크루팅 대상자를 찾게 길을 안내하는 나침반 같은 것이 있어야 한다.

무형을 유형으로 만들어라

"리크루팅 활동에서 중요한 것은 무형의 사람을 눈으로 볼 수있는 유형의 사람으로 만들어야 한다는 것입니다. 그 역할을 해주는 것이 인맥지도입니다." 그는 이렇게 말하면서 막연한 접근법이 아니라 차근차근 풀어가는 방법을 찾아야 한다고 했다.

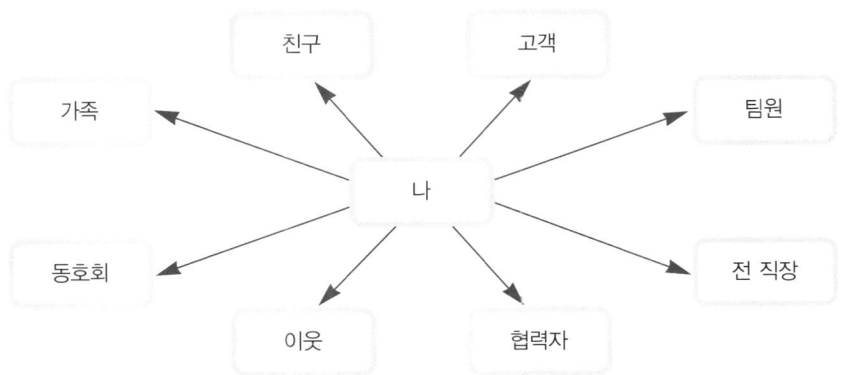

그가 설명하는 대로 무형의 사람을 눈으로 볼 수 있게 유형의 사람으로 만드는 인맥지도를 그려보자. 머리로만 막연하게 생각하지 말고 그림으로 그려본다. 종이 한 장을 꺼내서 나를 중심으로 주변에 어떤 사람들이 있는지 그룹별로 나누어 보는 것이 첫 번째 해야 할 작업이다.

그리고 그 그룹에 생각나는 사람을 한 명 한 명 적어나간다. 그러면 내 주변에 어떤 사람들이 있으며 그들에게 어떻게 접근해야 할지 한눈에 보이게 된다.

"이것이 사람을 체계적으로 관리하는 휴먼 네트워킹 작업의 첫걸음입니다." 그가 강조한 말이다.

리크루팅 카드로 연결하라

"인맥지도를 그렸으면 그다음에는 한 사람 한 사람 카드를 만드는 것입니다." 그가 인맥지도를 리크루팅 활동에 활용하는 방법을 설명하면서 말했다.

인맥지도에서 그룹별로 생각나는 사람들의 이름을 적었으면 그들을 한 사람 한 사람 리크루팅 카드로 옮겨야 한다. 처음에는 리크루팅 카드에 이름만 적어도 괜찮다.

그는 처음부터 리크루팅 카드에 있는 내용을 다 채우려고 하지 말라고 강조했다. 처음에는 단순하게 카드에 이름만 적어놓고 시간이 될 때마다, 생각이 날 때마다, 정보를 수집할 때마다 하나씩 하나씩 정보를 채워 가면 된다는 것이다. 이렇게 작성한 카드는 인맥지도에 있는 그룹별로 구분해서 파일에 보관한다.

"저는 신입사원이 들어오면 제일 먼저 이 작업부터 시킵니다. 인맥을 발굴하고 체계적으로 관리하는 방법을 가르쳐주는 것이지요. 리크루팅도 마찬가지라고 생각해요. 인맥을 발굴하고 관리하는 방법은 똑같잖아요?" 그가 이야기를 마치면서 한 말이다.

리·크·루·팅 명장의
One Point Lesson

리크루팅 자원 발굴 '인맥지도 그리기'

1. 머리로만 막연하게 생각하지 마라.
2. 종이를 꺼내 인맥지도를 그려라.
3. 주변 사람을 그룹별로 구분하라.
4. 그룹별로 생각나는 사람 이름을 적어라.
5. 한 사람 한 사람 리크루팅 카드로 옮겨라.

숙제하듯이 카드를 만들어라

참 잘했어요!

"초등학교 때 숙제 공책을 내면 선생님은 '참 잘했어요!'라는 도장을 찍어주었습니다. 어른이 된 지금은 제가 저에게 매일 이 도장을 찍어주고 있답니다." 한 매니저가 리크루팅 대상자를 찾아 관리하는 방법을 설명하면서 이렇게 말했다.

초등학생 때 선생님에게서 숙제 공책을 돌려받으면 제일 먼저 확인하는 것이 있었다. 선생님이 '참 잘했어요!' 도장을 찍었나 하는 것이다. 지금은 아련한 추억이 되었다.

'참 잘했어요' 도장은 아름다운 추억이 담긴 도장이다. 이 도장을 인생의 도장으로 바꿔보면 어떨까? 날마다 자신에게 '참 잘했어요' 도장을 찍어주자. 따뜻한 말을 했을 때, 도움을 주는 일을 했을 때, 하던 일이 잘되었을 때, 새로운 아이디어를 찾았을 때 등 기회가 될 때마다 자신에게 '참 잘했어요'라는 도장을 찍어주자. 오늘도 '참 잘했어요!' 도장을 꾹!

이 매니저는 매일 숙제를 한다고 했다. 리크루팅 대상자 찾기를 잊지 않기 위해서 리크루팅 대상자 카드를 매일 한 장씩 숙제하듯이 만든다는 것이다. 리크루팅 대상자 카드를 만들 때마다 새로 만든 카드에 '참 잘했어요!'라는 도장을 찍고 날짜를 기록한다.

디지털과 아날로그를 융합하라

"저는 회사 시스템을 적극적으로 활용합니다. 회사 리크루팅 자원 등록 시스템에 매일 한 명씩 이름을 입력합니다. 그리고 입력한 자료를 인쇄해서 파일에 보관 관리합니다." 그가 어떻게 자원을 찾고 어떻게 관리하는지 구체적으로 설명하면서 한 말이다.

회사 전산 시스템에 리크루팅 자원을 입력하게 되어 있다. 그는 이 시스템에 날마다 한 사람씩 이름을 입력한다. 꼭 리크루팅 자원이 아닐지라도 날마다 한 명씩은 입력한다. 자기 스스로 하루에 한 명씩 입력하겠다고 약속한 숙제이니까 말이다.

"리크루팅 대상자를 입력한 뒤 꼭 인쇄해서 파일에 보관합니다. 이게 다른 매니저와 제가 하고 있는 방법과 다른 점입니다. 리크루팅을 디지털과 아날로그를 융합한 방법으로 하는 것이지요."

그는 대상자 자료를 인터넷 시스템에 입력했으면 반드시 자료를 출력하라고 말했다. 그리고 그 자료를 파일에 넣어서 관리하는 것이다. 입력만 해놓으면 관심이 없어지더라는 것이 그의 설명이다. 자주 보고 그 사람에 대해서 연구도 하고 메모도 해야 하는데 인터넷은 그런 것이 잘 안 되더라는 것이다. 그래서 출력해 파일에 보관하고 매일 퇴근하기 전에 파일을 넘기면서 자원들을 검토하는 습관을 들이고 있다고 했다.

이것이 디지털과 아날로그를 접목한 리크루팅 자원 관리 방법이라고 한다. 인터넷으로 자원을 입력하는 것이 디지털이라고 한다면, 이를 인쇄해서 파일에 보관하고 매일 이 파일을 보면서 리크루팅 대상자를 연구하는 것이 아날로그 방법이라고 했다.

하루 1매는 꼭 만들어라

"군인의 무기는 무엇입니까? 총이잖아요. 총이 없으면 군인은 싸울 수 없습니다. 매니저에게 리크루팅을 위한 무기는 무엇입니까? 리크루팅 대상자 카드입니다. 이 카드가 없으면 매니저는 리크루팅을 할 수 없습니다." 이 매니저가 리크루팅 대상자 카드를 만드는 것을 군인의 총에 비유하면서 한 말이다.

군인에게는 총이 목숨을 지켜주는 소중한 무기이다. 총이 없으면 이미 죽은 목숨이다. 그래서 총은 잃어버려서도 안 되고 소홀히 보관해서도 안 된다. 자기 목숨처럼 애지중지해야 한다. 마찬가지로 매니저에게 리크루팅 카드는 리크루팅 활동에서 가장 소중한 무기이다. 이 무기가 없다면 리크루팅 전투는 이미 끝난 것이나 다름없다.

"군인이 자기 목숨처럼 총을 아끼듯이 매니저는 리크루팅 카드를 목숨처럼 만들고 관리해야 합니다. 그런 의미에서 저는 매일 숙제하듯이 리크루팅 카드를 한 매씩 만듭니다." 그가 결론적으로 한 말이다.

리·크·루·팅 명장의
One Point Lesson

숙제하듯이 리크루팅 카드 만들기

1. 하루 1장은 숙제라고 생각하고 만들어라.
2. 처음 만들었을 때 '참 잘했어요'라는 도장을 찍어라.
3. 만든 날짜를 기록하라.
4. 시스템에 입력하고 반드시 출력하라.
5. 출력한 자료를 파일에 보관·관리하라.

'적자생존'이라 했다

나를 키워준 80%는?

"미당 서정주는 나를 키워준 8할이 바람이었다고 했습니다. 저를 키워준 8할은 메모였다고 생각합니다. 원장님을 키워준 8할이 무엇이라고 생각하세요?" 커피숍에서 한 매니저와 인터뷰를 하는데, 이 매니저가 리크루팅 성공담을 이야기하면서 처음 꺼낸 말이다.

그에게 자신만의 리크루팅 방법이 있으면 알려달라고 했더니 주저하지 않고 '메모'라고 했다. 그는 매일 아침 사무실에 출근하면 제일 먼저 메모한다고 했다. 종이 한 장에 오늘 할 일, 오늘 접촉할 사람들의 이름을 적는 것으로 하루 일과를 시작한다는 것이다. 그 결과 4년 전에는 팀원 2명으로 시작했는데 지금은 22명의 조직으로 만들었단다.

그는 신입 매니저 교육이 있을 때마다 선배와의 대화 시간에 성공 사례를 발표하는 강사로 서게 된다고 했다.

"신인 매니저 교육에 가면 꼭 하는 말이 있어요. 선배로서 후배들에게 꼭 해주는 말이 '매일 종이에 적으라'는 것입니다. 오늘의 저를 만들어준 것의 80%는 바로 메모였다고 말입니다."

그는 메모의 힘이 정말 놀랍다는 사실을 매일 체험하며 살고 있다고 했다. 날마다 리크루팅 대상자 이름을 적는데, 어제 적은 사람 이름도 적고 오늘 새로운 사람 이름도 적는다고 했다. 한 달 내내 머일 한 사람 이름을 계속해서 적기도 했다.

'적자생존'이다

"적자생존(適者生存)이라는 말이 있습니다. 환경에 잘 적응하는 사람만 살아남을 수 있다는 말입니다. 그런데 이 말이 리크루팅 활동에 와서는 뜻이 바뀌었어요. 적는 사람만이 살아남을 수 있다고요." 그 매니저가 웃으면서 한 말이다.

100% 공감하는 말이다. 리크루팅을 잘하려면 적어야 한다. 막연한 방법으로 접근하지 말고 구체적인 방법으로 접근해야 한다. 그 구체적인 행동 방법이 바로 종이에 이름을 적는 것이다.

신입 세일즈맨 교육에서 오늘 접촉할 사람을 구체적으로 종이에 적어보게 했다. 매일 아침 활동 계획을 세울 때 오늘 접촉할 사람들의 이름을 20명씩 적게 하였다. 아침마다 10분을 주고서 이름을 적는 훈련을 시켰더니 일주일이 지나자 놀라운 효과가 나타났다. '그동안 접촉할 사람이 없어 막연했는데, 매일 접촉할 대상자를 적다 보니, 구체적으로 오늘 누구에게 어떻게 접근할지가 눈에 보이게 되더라'는 반응이 나타나기 시작했다. 안개가 걷히고 밝은 세상이 보이는 것과 같더라는 것이다.

하루 10분의 위력을 체험해보라

"저는 후배 매니저 교육 강의 마지막 부문에서 이 질문을 합니다. '여러분은 리크루팅을 하기 위해서 하루에 몇 분이나 투자하세요?' 이 질문에 아무도 대답을 못하더라고요. 이때 저는 '매일 아침 10분만 투자해보세요. 리크루팅을 위한 기본 투자 시간입니다. 그러면 기적이 일어나요'라고 말합니다."

매일 아침 10분만 투자해보라. 리크루팅 자원을 찾는 시간이다. 리크루팅 활동 계획을 구체적으로 세우는 시간이다. 리크루팅은 머리가 아니라 행동으로 한다. 리크루팅하기를 원한다면 자원을 찾는 일부터 해야 한다. 그 자원을 찾는 방법이 종이에 이름을 적는 것이다.

"한 가지 더 말씀드리고 싶은 게 있습니다. 매일 아침 종이에 이름을 적을 때 절대로 컴퓨터로 출력하지 마세요. 불편하더라도 반드시 손으로 이름을 적어야 합니다."

컴퓨터에 데이터를 저장해놓았다가 인쇄하면 편리할 수 있다. 시간도 절약할 수 있다. 그러나 컴퓨터로 대상자를 인쇄하면 편리할지는 몰라도 리크루팅을 풀어가지는 못한다.

왜 불편하게 손으로 이름을 적어야 하는가?

"손으로 이름을 적다 보면 그 사람이 내 마음속에 들어옵니다. 즉 이름을 적을 때마다 내게 최면이 걸립니다. 손으로 이름을 적다 보면 그 사람의 라이프스타일이 보이고 그 사람을 연구하게 되고 또 접근하는 방법을 찾게 되더라고요. 그런데 컴퓨터로 출력하면 이런 것이 없어요."

디지털 세상, 스마트 세상에 살면서 컴퓨터를 지혜롭게 이용하는 것도 중요하지만 리크루팅을 위해서는 다소 불편하더라도 손으로 이름을 적어야 리크루팅을 풀어갈 수 있다.

리·크·루·팅 명장의
One Point Lesson

'적자생존' 전략

1. 매일 아침 10분을 투자하라.
2. 아무 이름이나 종이에 20명씩 적어라.
3. 날마다 똑같은 이름을 적어도 상관없다.
4. 이름을 적으면 대상자를 찾는 눈이 트인다.
5. 이름을 적으면 구체적인 접근 방법이 보인다.

눈에서 멀어지면 마음도 멀어진다

시책은 100% 따 먹어라

"시책이 왜 있는지 아십니까? 따 먹으라고 있는 것이죠. 저희 팀은 시책이라는 시책은 무조건 따 먹습니다." 한 매니저가 걸려 있는 시책은 놓치지 않고 따 먹는다면서 한 말이다. 그가 시책을 100% 따 먹는 비법이라고 하면서 소개해준 방법은 이렇다.

그의 팀원들의 책상 앞에 '포스트잇'이 덕지덕지 붙어 있었다. 중점적으로 공략할 시책을 적어놓은 메모지라고 했다. 지점에서 붙인 시상, 본부에서 붙인 시상, 회사에서 붙인 시상을 포스트잇으로 붙여놓은 것이다. 이렇게 잘 보이는 곳에 공략할 시책을 붙여놓고 매일 눈으로 보면서 최면을 거는 것이다.

그리고 집중적으로 공략하면 시책 따 먹기가 쉽다는 것이다. 시책은 따 먹으라고 있다. 못 따 먹으면 바보다. '줘도 못 먹나?'라는 말이 유행한 적이 있다. '따 먹으라고 해도 못 따 먹나?' 그의 팀원들이 우스갯소리로 하는 말이라고 했다.

"시책을 무조건 따 먹으려고 하는 것은 두 가지 효과, 즉 영업도 잘되고 소득도 올라가는 효과 때문입니다." 그는 이렇게 말하면서 영업을 잘하려면 주어진 조건을 최대한 활용할 줄 알아야 한다고 했다.

당신 마음속에 있다

"영업을 잘하느냐 못하느냐? 리크루팅을 잘하느냐 못하느냐? 이것은 전적으로 우리 마음속에 있다고 생각합니다." 그가 리크루팅 활동 방법을 설명하면서 한 말이다.

그는 주어진 시책을 따 먹느냐 못 따 먹느냐는 전적으로 그 사람에게 달려 있다고 강조했다. 시책을 따 먹는 것도 못 따 먹는 것도 전적으로 그 사람의 마음속에 있다는 것이다. 공략할 시책을 적어놓고 매일 눈으로 보면 그 시책을 잊지 않게 되고 결국에는 따 먹게 된다. 시책을 따 먹느냐 못 따 먹느냐는 시책을 잊어버리느냐 기억하느냐에 달렸다. 시책을 잊으면 못 따 먹고, 시책을 잊지 않으면 반드시 따 먹게 된다.

"리크루팅도 마찬가지입니다. 대상자를 찾느냐 못 찾느냐는 전적으로 그 사람의 마음속에 있습니다. 리크루팅 대상자를 우리 식구로 만드느냐 못 만드느냐도 그 사람의 마음속에 있습니다." 그가 힘주어 한 말이다.

매일 리크루팅을 잊지 않는 행동을 하면 리크루팅 대상자를 찾아내게 되고, 결국에는 그 사람을 새 식구를 만들 수 있게 된다. 그러나 리크루팅을 잊어버리면 이런 일은 기대할 수 없다.

손길 닿는 곳에, 눈길 닿는 곳에!

"Out of sight, Out of mind라는 말이 있죠? '눈에서 멀어지면 마음도 멀어진다'는 뜻입니다." 리크루팅을 잊지 않게 하는 방법을 설명하면서 그가 한 말이다.

앞에서 시책을 100% 따 먹기 위해서 눈길 닿는 곳에 포스트잇을 붙여 놓고 최면을 걸었던 것처럼, 리크루팅을 잘하려면 눈길 닿는 곳에 메모지를 붙이는 방법을 그는 적극 추천했다. 이를 위해서 그가 활용하는 방법은 이랬다.

매주 월요일 아침 한 주간 공략할 대상자 이름을 종이에 적는다. 그리고 이 종이를 눈길이 가장 먼저 닿는 책상 중앙에 붙여놓는다. 한 주간 동안 책상에 앉을 때마다 이 종이를 보면서 리크루팅을 잊지 않는 최면을 거는 것이다. 종이를 볼 때마다 생각나는 것들을 이름이 적힌 이 종이에 메모하고 또 메모한다. 메모할 공간이 부족하면 포스트잇에 메모해서 이름 옆에 붙여 놓는다. 금요일 정도 되면 월요일에 이름을 적어 붙여 놓은 종이는 각종 메모로 가득하고, 이름을 적은 종이 주변에는 포스트잇이 덕지덕지 붙어 있게 된다.

'작심 3일'이라는 말이 있다. 무엇을 하겠다고 굳게 먹은 마음이 3일 만에 와르르 무너지고 만다는 말이다. 작심 3일이 되지 않게 하는 방법이 있다. 하겠다고 결심한 내용을 종이에 적어서 가장 잘 보이는 곳에 붙여 놓는 것이다.

날마다 보면서, 수시로 보면서 잊지 않게 하는 것이다.

  손길이 닿는 곳에, 눈길이 닿는 곳에 공략 대상자를 적은 메모지를 붙여라. 그리고 생각날 때마다 그 종이에 메모하고 메도하라. 그러면 그 사람을 어떻게 접근하고 어떻게 공략할지 방법이 보일 것이다. 기억하라. 리크루팅은 당신의 마음속에 있다는 사실을…. 리크루팅은 눈에서 멀어지면 마음도 멀어진다는 사실을….

리·크·루·팅 명장의
One Point Lesson

리크루팅을 위한 '메모지' 활용 방법

1. 공략할 대상자를 종이 한 장에 리스트업 하라.
2. 가장 잘 보이는 곳에 붙여놓는다.
3. 종이를 볼 때마다 생각나는 것을 메모한다.
4. 공간이 부족하면 포스트잇에 메모해서 붙인다.
5. 수시로 보면서 잊지 않으면 접근 방법이 보인다.

찾는 자에게만 보인다

'궁즉통'이라 했다

"궁즉통(窮則通), 궁하면 통한다는 말입니다. 저는 이 말을 궁지에 몰리면 반드시 해법을 찾게 되어 있다는 말로 해석합니다." 극한 상황까지 몰렸다가 다시 살아났다고 하면서 한 매니저가 리크루팅 대상자 찾는 방법을 설명할 때 한 말이다. 조직이 10명 정도 되었는데 갑자기 무너져 2명밖에 남지 않게 되었다고 했다. 그런 절체절명의 위기 상황에서 일어나 지금은 20명이 넘는 조직으로 만들었다고 했다.

《주역》에서는 이렇게 말하고 있다. '궁즉변(窮則變), 변즉통(變則通), 통즉구(通則久)', 궁하면 통하고 통하면 변하고 변하면 오래간다는 뜻이다. 이 말의 핵심은 궁(窮)→변(變)→통(通)→구(久) 4단어이다. 궁(窮)은 막바지에 다다른 상태로 궁지에 몰린 상황이다. 더는 도망갈 곳이 없다고 생각하는 단계를 말한다. 변(變)은 변화이다. 궁한 상태에서 새로운 국면으로 전환하기 위해 답을 찾는 단계이다. 사람은 궁지에 몰리면 새로운 답을 찾게 되어 있다. 그래서 위기가 기회가 되기도 하는 것이다. 통(通)은 새로운 국면으로 전환되어 안정된 단계로 접어든 것을 말한다. 문제가 해결된 상태를 말한다. 구(久)는 평화가 지속되는 것을 말한다.

"이것은 어찌 보면 우리가 하는 일과 똑같은 논리인 것 같습니다. 궁지에 몰리면 변화를 찾으려 노력하고, 이 노력으로 새로운 답을 찾아 마지막에는 안정된 상태로 만드는 것이 아닐까요?" 그가 극한 상황에서 탈출했던 경험을 '궁즉통'과 비교하면서 한 말이었다.

찾아야 살고 만나야 산다

"제가 리크루팅 대상자를 죽기 살기로 찾았던 대가 바로 궁지에 몰렸을 때였습니다. 2명밖에 남지 않았을 때이니까 그보다 더 나쁜 상황은 없었지요." 그러면서 그는 리크루팅 대상자를 찾는 길만이 자신이 사는 길이라고 생각하고 리크루팅 대상자 찾는 일에 몰두하게 되었다고 한다.

한 출판사 사장의 사무실에 이런 액자가 걸려 있다. '만들어야 살고 팔아야 산다.' 책을 만들어야 살 수 있고 독자에게 책을 팔아야 살 수 있다는 말이다. 이 말을 매니저에게 접목한다면 리크루팅 대상자를 찾아야 신인 도입 문제를 풀 수 있고, 리크루팅 대상자를 만나야 신인 도입을 할 수 있다.

"3개월을 오로지 대상자 찾는 데에 제 모든 것을 쏟아 부었습니다. 아침에 일어나면 사람을 찾아야 한다, 점심을 먹을 때도 사람을 찾아야 한다, 사람을 만날 때도 사람을 찾아야 한다는 생각밖에 없었어요." 그가 웃으면서 말했다. 지금은 웃으면서 말하지만 그때는 이것 아니면 안 된다는 절체절명의 상황이었다고 한다. 궁하면 통한다고 했다. 궁지에 몰렸을 때 그는 변화를 찾기 시작했고, 그 결과 리크루팅 문제를 해결하여 좋은 시절을 맞게 되었다.

찾고 찾고 또 찾아라

"인생이란 세상 곳곳에 숨겨진 수많은 보석을 찾는 숨은그림찾기 여행이라고 하죠. 저는 오늘도 리크루팅 대상자 한 명 찾기가 세상에 숨겨진 보석 찾기라고 생각합니다."

어릴 때 소풍을 가면 보물찾기가 있었다. 그때 보물을 찾으려고 했던 행동을 떠올려보라. 나무에도 올라가고, 돌멩이도 들춰보고, 덤불숲도 뒤졌다. 보물 하나를 찾으면 '찾았다' 하면서 환호성을 질렀다.

리크루팅 대상자 찾기는 깊숙이 숨겨진 보물찾기와 같다. 숨겨진 보물은 대충 찾으면 보이지 않는다. 팀원들의 마음속에도 들어가 보고, 친구의 마음도 들춰 보고, 주변 사람들도 헤집고 들어가야 한다. 다시 말해서 팀원들에게도 리크루팅 대상자 소개를 부탁하고, 친구들에게도 사람 소개해 달라고 하고, 주변 사람들에게도 이름 석 자 소개 부탁하는 노력이 필요하다. 눈에 불을 켜고 모든 신경을 집중해야 보물을 찾을 수 있다.

아이디어는 찾는 사람에게만 보인다. 주변에 아이디어가 떠돌아다닌다 해도 찾으려고 하지 않는 사람에게는 보이지 않는다. 리크루팅 대상자는 찾는 사람에게만 보인다. 주변에 아무리 많은 사람이, 아무리 좋은 리크루팅 자원이 있다 하더라도 찾으려는 노력을 하지 않는 사람에게는 보이지 않는다.

리크루팅 대상자 찾기를 행동의 제1순위로 하라. 오늘 가장 먼저 해야 하는 일은 리크루팅 대상자 찾기다. '만들어야 살고 팔아야 산다'고 하는 한 출판사의 좌우명처럼 리크루팅 대상자를 '찾아야 살고 만나야 산다'는 각오로 임해야 한다.

리·크·루·팅 명장의
One Point Lesson

리크루팅 대상자 찾기

1. 보물찾기라 생각하라.
2. 세상 곳곳에 숨겨진 보물을 찾는 것이다.
3. 대충대충 찾으면 보이지 않는다.
4. 눈에 불을 켜고 찾아야 겨우 보인다.
5. 오늘의 행동 1순위를 리크루팅 대상자 찾는 것에 둬라.

망가져야 살 수 있다

'내 탓이오' 캠페인

출근시간에 한 지점을 찾았다. 이 지점에서 아침마다 재미있는 이벤트가 열린다는 소문을 들었기 때문이다. 지점에 들어섰더니 엘리베이터 앞에 빈 의자 하나가 놓여 있었다. 그 의자에는 '내 탓이오'라는 푯말이 붙어 있었다.

가톨릭에서 '내 탓이오' 캠페인을 한 적이 있다. 자동차 유리에 '내 탓이오' 스티커를 붙이고 다녔던 캠페인이다. 좋지 않은 일들이 일어나면 자신의 탓으로 돌리기보다는 다른 사람을 탓하거나 주변 환경의 핑계를 대는데, 모든 것이 바로 내 자신에게서 비롯되었다는 캠페인이다.

출근 시간에 이 빈 의자에 한 매니저가 앉았다. 그는 무릎 앞에 '리크루팅 대상자를 소개해주세요'라는 피켓을 놓고 있었다. 1인 시위하는 사람이 피켓을 들고 있는 것처럼….

그에게 다가가 조심스럽게 물었다. "혹시 창피하지는 않으세요?" 그러자 그는 "처음에는 무척 창피했어요. 하지만 지금은 익숙해져서 괜찮아요"라고 했다. 속된 표현으로 '쪽 팔리는 것은 처음 한 번뿐이지, 그다음은 괜찮다'고 하는 것과 같았다. 다시 그에게 물었다. "어떻게 해서 이런 이벤트를 하게 되었어요?"

'똘아이' 행동을 하라

"언젠가 지점장님과 회의를 하는데 지점장님이 이런 제안을 하는 것이었어요." 그는 이번 이벤트의 취지와 의도를 설명해주었다.

'우리 똘아이 짓 한번 해봅시다'라고 제안하였다고 한다. 일상적인 것에서 벗어난 파격적인 행동을 해보자는 것이었다. 그러면서 '어이디어'를 찾아야 한다고 했다. 즉 어이없는 생각, 어이없는 행동을 해야 한다는 것이다. 똑같은 생각, 똑같은 행동으로는 변화를 만들 수 없다는 것이었다. 지점장의 제안은 '내 탓이오'라는 캠페인을 해보자는 것이었다. 그때 그 지점의 영업 실적이 본부에서 밑바닥을 기고 있었다고 한다. 영업이 안 되니까 당연히 리크루팅 실적도 부진할 수밖에 없었다.

"처음에는 망설였어요. 창피하게 그렇게까지 해야 하나? 그런데 지점장이 먼저 하겠다는 거예요. 다음 날 아침 지점장이 먼저 이 의자에 앉았습니다."

의자에 붙어 있는 '내 탓이오' 문구는 모든 것이 매니저 탓임을 팀원들에게 고백하는 의미라는 것이다. 특히 리크루팅을 못한 원인은 전적으로 매니저에게 있음을 고백하는 것이란다. 리크루팅 대상자를 못 찾은 것도 매니저 탓이요, 조직 분위기가 침체된 것도 매니저 탓이라는 것이다. 그리고 무릎 앞에 세워둔 '리크루팅 대상자 소개해주세요'라는 문구는 팀원들의 협조를 요청하는 간절한 마음이라는 것이다. 누구라도 좋으니까 이름만이라도 소개해달라는 협조 요청이라는 것이다.

내가 망가져야 조직이 산다

"이 캠페인 이후 영업 분위기가 살아나기 시작했어요. 당연히 리크루팅도 조금씩 풀렸죠." 이 매니저가 환하게 웃으며 한 말이다.

지점장과 매니저의 미친 행동을 보면서 사원들의 행동이 변했다고 한다. 지점장과 매니저가 저렇게 간절하게 해보겠다는데 도와줘야 하지 않느냐는 분위기로 사원들의 자세가 바뀌었다고 한다.

'망가져야 산다'는 말이 있다. 성공하고자 한다면 내가 망가져야 한다는 것이다. 생각이 망가지고 행동이 망가져야 성공한다는 것이다. 생각이 망가지면 고정관념이 파괴되고 행동이 망가지면 매너리즘이 파괴되기 때문이다.

무슨 일이든 성공하려면 제 정신으로 접근하면 안 된다. 속된 표현으로 '똘아이' 짓을 해야 한다. 약간 맛이 가야 하는 것이다.

성공한 사람들을 보라. 그들의 행동은 보통 사람과 다르다. 아침 일찍 출근하고, 밤늦게까지 현장에 매달리고, 남들이 안 하는 모욕적인 일도 서슴지 않는다.

똘아이 짓을 주저하지 마라. 창피한 짓이라며 피하지도 마라.

어제와 다른 생각을 해보자. 지금까지와 다른 행동을 해보자. 리크루팅에는 정답이 없다. 분명한 것은 내가 망가져야 살 수 있다는 것이다.

리·크·루·팅 명장의
One Point Lesson

적극적으로 망가지기

1. 남들이 안 하는 행동을 하라.
2. 리크루팅에 미친 모습을 보여줘라.
3. 창피하다는 생각을 버려라.
4. 고상한 것을 찾지 마라.
5. 성공하면 모든 것이 영웅담이 된다.

하루 10명 이상에게 소개를 부탁하라

무식한 방법을 써라

"교수님, 우리 일에 적합한 사람 있으면 이름만 소개해주세요. 알았죠?" 리크루팅 명장 인터뷰를 위해서 취재차 찾았더니 한 매니저가 필자를 만나자마자 대뜸 이렇게 말했다. 필자가 말을 꺼내기도 전에 리크루팅 대상자를 소개해달란다. 그는 입만 열었다 하면 리크루팅 대상자를 소개해달하고 부탁한다고 했다. 그 결과 나 홀로 매니저로 시작해서 지금은 25명의 막강한 조직을 만들었다고 한다.

"저는 사원을 만나도, 친구를 만나도, 주변 사람을 만나도 리크루팅 대상자를 소개해달라는 말을 입에 달고 살아요. 처음에는 의도적으로 하루에 10

명 이상에게 리크루팅 대상자를 소개해달라고 했어요. 지금은 습관이 되어 으레 사람 소개해달라는 말을 합니다."

사람들은 리크루팅이 어렵다고 말한다. 리크루팅 소스를 찾지 못하기 때문이다. 리크루팅 대상자를 어디서 찾아야 하고, 어떻게 접근해야 할지 모르기 때문이다. 그러니 짙게 깔린 안갯속을 헤매는 것처럼 답답하다.

"저도 처음에는 리크루팅이 막연했어요. 누구를 만나야 할지, 누구에게 리크루팅을 얘기해야 할지 모르겠더라고요. 리크루팅은 해야 하는데 만날 사람이 없으니 매일 속이 답답했어요."

'우는 아이에게 젖 준다'는 말이 있다. 울지 않고 조용히 있으면 아기가 배가 고픈지 어떤지 모르기 때문에 젖을 주지 않는다. 그러나 아기가 울면 배가 고파서 우는가 싶어 젖은 물려주지 않는가? 그는 여기에서 힌트를 얻었다고 했다. 우는 아기에게 젖 주는 방법으로 접근하자. 다소 무식한 방법이긴 하지만 만나는 사람에게 사람 소개 부탁하는 방법을 선택한 것이다.

한 가지에 집중하라

일을 잘하는 사람과 못하는 사람은 그 사람의 책상을 보면 알 수 있다고 한다. 일 못하는 사람의 책상은 이것저것 어지럽게 잔뜩 쌓여 있다. 그러나 일 잘하는 사람의 책상은 깔끔하게 정리정돈이 되어 있다.

리크루팅도 마찬가지인 것 같다. 리크루팅을 못하는 사람의 머릿속은 이것저것으로 복잡하고 어지럽다. 리크루팅을 잘하는 사람의 머릿속은 단순하고 간결하다. 즉 한 가지에 집중되어 있다. 리크루팅의 핵심은 소스를 찾는 것이다. 소스 찾기가 리크루팅의 출발점이요, 핵심 행동이다.

'첫 단추를 잘 꿰어야 한다'고 했다. 첫 단추를 제대로 꿰어야 다음 단추를 꿸 수 있다. 리크루팅 대상자를 찾는 것이 리크루팅의 첫 단추를 꿰는 것이다. 사람들은 첫 단추를 꿸 줄 모른다. 그렇기 때문에 리크루팅을 어려워하는 것이다. 리크루팅을 하고 싶다면 가장 중요한 것 하나에 집중하라.

하루 10명 이상에게 소개를 부탁하라

"만날 때마다 사람 부탁을 했더니 하루는 생각지도 않은 사람에게서 친구를 소개받았어요. 그 사람 지금도 저와 함께 활동하고 있어요." 그 매니저가 한 사례를 소개해주었다. 자기는 사람을 만날 때마다 진심 반 농담 반으로 사람 소개를 부탁했는데 이 사람은 마음속에 담아두고 있었던 모양이다. 처음에야 그냥 지나가는 말로 여겼는데 한두 번 듣다 보니 마음 한구석에 잔상이 남아 있게 되었다는 것이다. 그러다 우연히 한 친구에게서 새로운 일을 해볼까 하는 말을 듣고 그를 이 매니저에게 소개했다.

"오늘부터 무식한 방법을 써보세요. 하루에 10명 이상에게 사람 소개해달라는 말을 하는 겁니다. 사람을 만나면 한 가지만 부탁하세요. 주변 사람 이름만 소개해달라고." 리크루팅을 힘들어 하는 다른 매니저를 위해서 리크루팅 방법을 한 가지만 코칭해달라고 했더니 이 매니저가 확신에 찬 목소리로 한 말이다.

리크루팅 대상자를 찾는 방법 가운데 하나는 만나는 사람들에게 사람 소개해달라는 말을 계속해서 하는 것이다. 상품을 구입해달라는 것이 아니고 사람만 소개해달라는 것이다. 전화할 때도, 사람을 만날 때도 리크루팅 대상자 소개해달라는 부탁을 습관처럼 해라.

처음에는 아무 관심도 없던 사람도 한두 번 소개 부탁을 들으면 마음에 담아두었다가 기회가 되면 사람을 소개해준다. 이것이 하루 10명 이상에게 리크루팅 대상자 소개를 부탁하는 습관의 효과이다.

리·크·루·팅 명장의
One Point Lesson

매일 10명 이상에게 소개 부탁하기

1. 한 가지에 집중하라.
2. 리크루팅에서 가장 중요한 것은 소스 찾는 일이다.
3. 하루 10명 이상에게 사람 소개를 부탁하라.
4. 만날 때마다 습관적으로 하라.
5. 리크루팅을 입에 달고 살아라.

'족집게 소개 방법'을 활용하라

왜 소개가 이루어지지 않는가?

소개 양식을 활용해서 리크루팅을 쉽게 풀어가고 있다는 매니저를 만났다. 그가 말하는 소개 마케팅을 들어봤다.

"신인일 때의 일입니다. 저를 스카우트한 매니저가 소개 마케팅 방법을 가르쳐줬어요. 그런데 그 방법이 통하지 않더라고요."

지금은 소개 마케팅이 대세이다. 소개 마케팅이란 한 고객을 통해서 다른 유망 고객을 소개받고, 또 그 사람을 통해서 다른 사람을 소개받는 방법으로 영업 활동을 펼쳐가는 것이다. 유유상종(類類相從)이라 하지 않는가? 우량 고객 한 명을 통해서 다른 우량 고객을 소개받으면 영업이 쉬워진다는 것이다.

소개 마케팅에는 핵심 원칙이 있다고 했다. 소개를 받기에 가장 좋은 때는 바로 고객이 계약서에 서명할 때라는 것이다. 고객이 계약서에 서명하면 "주변 사람 3명만 소개해주세요!"라고 부탁하면 쉽게 소개가 이루어진다고 했다.

"저는 훈련받은 대로 한 고객이 계약서에 서명하길래 주변 사람 3명을 소개해달라고 부탁했습니다. 그런데 소개가 이루어지지 않더라고요." 왜 소개가 이루어지지 않았을까?

그때 그는 깨달았다고 한다. 막연한 방법으로 소개를 부탁하면 아무리 좋은 타이밍이라 해도 소개가 이루어지지 않는다는 것을. 막연하게 부탁을 하면 고객은 누구를 소개해야 할지 모른다. 그래서 그가 생각해낸 방법이 콕 찍어서 소개를 부탁하는 '족집게 소개 방법'이었다고 한다.

콕 찍어 소개 부탁을 하라

"'족집게 소개 방법' 처음 들어 보셨죠? 저만의 노하우랍니다"라고 하면서 그가 양식을 한 장 보여주었다. "저는 이 양식을 리크루팅 대상자를 소개받을 때 활용합니다. 사원들과 면담할 때도, 주변 사람들을 만날 때도 리크루팅 대상자를 소개받을 때는 미친 척하고 이 양식을 꺼냅니다. 그리고 상대방의 손에 볼펜을 쥐어주죠." 그러면서 그는 구체적인 대상자를 지목하면서 대상자 이름을 적어달라고 한단다. "지난번에 얘기하셨던 104동에 사신다는 분 이름만 적어주세요."

이렇게 구체적인 대상자를 지목해가면서 소개를 부탁해야 상대방이 이름을 쉽게 적는다는 것이다. 막연하게 이름을 적으라는 것이 아니라 사전 조사를 통해서 구체적인 대상자를 지목해 이름을 적게 하는 것이 그가 활용하는 '족집게 소개 방법'이다.

소개 양식을 가지고 다녀라

"맨정신으로는 소개받지 못합니다. 소개 받으려면 약간 맛이 가야 해요." 그는 웃으면서 자신이 소개받은 요령을 설명했다.

첫째는 리크루팅 대상자 소개받는 양식을 만들어야 한다. 복잡하게 만들지 말고 작은 종이에 간단하게 적을 수 있게 만들어야 한다.

둘째는 미친 척하고 소개 양식을 꺼내야 한다. 그리고 상대방의 손에 볼펜을 쥐어주는 것이 이 단계의 포인트이다.

셋째는 구체적인 대상자를 지목해줘야 한다. 이를 위해서는 상대방에 대한 정보 수집과 연구가 반드시 선행되어야 한다. 사전 정보 조사 없이 소개를 부탁하면 백발백중 실패한다. 누구를 소개해달라고 부탁할까 미리 점찍은 상태에서 이 작전을 사용해야 한다.

넷째는 상대방이 종이에 이름을 적기 시작하면 떠들지 말고 가만히 있어야 한다. 상대방이 이름을 다 적을 때까지 잡음을 만들지 말라는 것이다.

마지막으로 종이에 이름을 적으면 어떤 형태로든 감사의 표시를 하라고 한다.

"아~, 한 가지만 더요. 상대방이 이름을 적을 때 복잡하게 적게 하면 안 돼요. 간단하게 이름, 휴대전화번호, 대략적인 나이 정도만 받는 것이 요령입니다."

자세한 정보는 다음 기회에 순서에 따라 받아가야 한다는 것이 그가 전하는 노하우다. 한 번에 모든 것을 해결하려고 하지 말고 조금씩 정보를 얻어내면서 지속적인 만남을 유지해야 한다.

막연한 방법으로 접근하면 안 된다. 대상자를 소개받을 때는 콕 찍어 구체적으로 소개받는 방법으로 풀어가야 한다. 그 방법이 리크루팅 대상자를 소개받는 양식을 활용하는 것이다.

리·크·루·팅 명장의
One Point Lesson

'족집게 소개 방법' 활용하기

1. 리크루팅 대상자 소개받는 양식을 만든다.
2. 미친 척하고 양식을 내민다. 그리고 상대방 손에 볼펜을 쥐어준다.
3. 소개받을 구체적인 대상자를 찍어준다.
4. 상대방이 이름을 적을 때는 조용히 있는다.
5. 반드시 감사의 표시를 한다.

명함 수집가로 변신하라

리크루팅은 명함 수집에서 출발한다

상품을 팔려면 팔아야 할 대상이 있어야 한다. 우리는 이를 고객이라고 한다. 리크루팅을 하려면 데려와야 할 대상이 있어야 한다. 이를 리크루팅 대상자라고 한다. 리크루팅 대상자를 찾는 첫걸음은 명함 수집이다.

"저에게는 취미가 하나 있어요. 명함을 수집하는 겁니다. 제게는 별별 명함이 다 있어요. 한번 보실래요." 매니저가 된 지 3년 만에 20명이 넘는 조직으로 만든 한 매니저가 자신의 리크루팅 비법은 명함 수집에 있다면서 한 말이다.

그가 보여준 명함은 형태가 다양했다. 사진이 들어 있는 명함은 보편적이었다. 헬스클럽 트레이너의 명함을 잡아당기면 늘어났고, 서비스 분야에서 근무하는 사람의 명함에는 쿠폰이 달려 있기도 했다. 그는 반으로 접힌 명함을 최고로 꼽았다. 명함 뚜껑을 열면 환하게 웃는 그 사람의 사진이 나온다.

"사람에게는 누구나 자기가 좋아하는 취미가 있습니다. 여행이 취미인 사람도 있고, 음식 만들기가 취미인 사람도 있죠. 드라이브, 사진, 볼링 등등 사람마다 한 가지 정도는 취미가 있을 겁니다. 저는 여기에 취미를 하나 더 만들었죠."

그가 명함을 수집하게 된 경위를 설명하면서 한 말이다.

리크루팅은 사람을 상대로 하는 일이다. 따라서 사람 찾는 일을 취미생활처럼 즐겁게 해야 한다는 것이 그의 생각이었다. 그래서 어릴 때 취미였던 우표 수집을 떠올리며 명함을 수집하기 시작했다는 것이다.

하루 1장 이상 수집하라

"저는 가는 곳마다 명함을 수집합니다. 이건 오늘 점심 때 식당에서 가져온 겁니다."

그가 명함 수집 습관을 들이기 위해서 한 행동이 하나 있다. 식당에서 식사를 하고 나올 때 계산대에 비치된 명함을 한 장씩 가지고 나오는 것이다. 어제 갔던 식당을 오늘도 찾았다고 하자. 그런 경우에도, 어제 그 식당의 명함을 가지고 왔음에도, 오늘 또 그 식당의 명함을 가지고 나온다. 명함 수집을 잊지 않으려고 하는 행동이다.

그가 들려주는 직장인의 명함 수집 방법은 이렇다. 사람을 만나면 제일 먼저 명함을 교환한다. 내가 먼저 명함을 주면 상대방도 명함을 준다. 그런데 직책이 바뀐 지 얼마 되지 않아서 명함이 준비되지 않았다는 사람이 있다.

그러면 그는 환하게 웃으면서 "저에게 명함 빚지셨습니다"라고 말한다. 그러고 나서 가까운 시일 안에 그 사람을 직접 찾아간다. 빚진 명함을 받으러 왔다는 구실로 말이다.

"저는 명함을 하루 1장씩은 무조건 수집하려고 합니다. 이게 저 자신과의 약속입니다." 그가 명함 수집은 숙제를 하듯이 해야 한다면서 한 말이다.

명함을 쉽게 수집할 방법이 있다. 은행, 학원, 미장원, 식당 등은 창구에 명함이 준비되어 있다. 누구든 가져가라고 비치해둔 것이다. 이런 명함들을 가져오는 습관부터 들여라.

감사 메시지를 보내라

"명함을 수집했으면 그다음 행동이 중요합니다. 반드시 감사 메시지를 보내야 합니다." 그가 명함 수집을 리크루팅과 연결하는 방법을 설명하면서 한 말이다.

명함을 수집했다는 것은 어떤 형태로든 그 사람과 얼굴을 대하게 되었다는 말이다. 서로 명함을 교환하며 인사했을 수도 있고 식당에서처럼 내가 일방적으로 명함을 들고 나왔을 수도 있다. 그는 명함을 수집했으면 그날 반드시 감사 메시지를 보내라고 강조했다.

"명함을 보면 그 사람의 정보 사항이 다 들어 있어요. 성명, 업종, 하는 일, 전화번호, 이메일 주소 등의 귀중한 정보가 있잖아요." 직장인에게는 명함에 있는 이메일 주소로 "귀한 시간 내주셔서 감사합니다"라는 제목으로 만나게 되어 반갑다는 인사말을 보내고, 자영업자에게는 반가운 만남, 즐거운 만남이 되었으면 좋겠다는 인사말을 문자 메시지로 보낸다. 그러면 다음에 만나게 되었을 때 자신을 기억해주는 것이 달라진다.

리크루팅 대상자를 찾는 일에 전력해야 한다. 그 한 가지 방법이 이 매니저가 사용하고 있는 명함 수집이다.

리·크·루·팅 명장의
One Point Lesson

'명함 수집' 취미 만들기

1. 리크루팅 대상자 찾는 데 주력하라.
2. 명함을 수집하는 것도 하나의 방법이다.
3. 명함을 하루 1장 이상 수집하라.
4. 명함을 직장인, 자영업자로 구분하여 보관하라.
5. 반드시 감사 메시지를 보내라.

일하고 있는 사람을 집중 공략하라

직장인을 찾아라

"신입사원은 무엇보다 먼저 긍정적인 사고, 적극적인 태도를 가져야 한다고 생각합니다. 전 그런 사람 중심으로 리크루팅을 합니다." 직장 경력자를 중심으로 리크루팅을 하는 매니저를 만났다. 그의 팀원들을 살펴보면 대기업 회계 담당자, 고등학교 교사, 증권회사 과장, 은행원, 백화점 매니저, 대형 유통업체 마케팅 담당자 등 주로 직장 경력자들이다. 팀원 20여 명 중 직장 경력이 없는 사람은 단 두 사람이었다.

그에게 리크루팅 대상자를 직장인 중심으로 찾는 이유를 물었더니 다음과 같은 비유를 들어 설명했다. "옛날에는 공부를 잘하는 사람은 대개 얼굴이 못

생겼습니다. 그런데 요즘은 공부 잘하는 아이가 얼굴도 예쁩니다. 옛날에는 공부를 잘하면 놀 줄 몰랐습니다. 그러나 요즘은 공부 잘하는 아이가 놀기도 잘합니다. 공부 못하는 아이는 놀 줄도 몰라요."

그가 한 말의 뜻은 집에서 놀고 있는 사람과 직장에서 일하는 사람 사이에는 분명 차이가 있다는 것이었다. 일하는 사람이 집에서 노는 사람보다 더 좋은 자원이라는 말이다. 그래서 그는 집에서 노는 사람보다 현재 일을 하고 있는 직장 근무자를 집중적으로 공략한다고 했다.

우량 자원을 찾아라

그는 직장 다니는 사람을 집중적으로 소개받는다. 현재 다른 직장에서 일하는 사람들의 이름을 소개받는 것이다. 그는 팀원들에게서 한 사람당 3명씩 직장 근무자의 이름을 소개받았다. 친구든, 아는 사람이든, 고객이든 상관없이 직장 근무자를 3명씩 소개받았다. 그리고 그들을 중심으로 한 명씩 한 명씩 접근했다.

"다른 세일즈 업종에서 일하는 사람이 업종이 다른 우리 일도 잘할까요?"라고 물었더니 그는 거침없이 대답했다. "매니저들끼리 하는 말이 있어요. 다른 데서 일 잘하는 사람이 우리 일도 잘한다고." 그는 이어서 이렇게 말했다. "여기서 성공하는 사람은 다른 곳에서 어떤 일을 하더라도 반드시 성공합니다. 여기서 보통인 사람은 다른 곳에 가도 보통밖에 안 돼요. 여기서 못하는 사람은 어디를 가더라도 못합니다."

바꿔 말하면, 다른 직장에서 일을 잘하는 사람은 여기 와도 잘한다. 다른 직장에서 보통인 사람은 여기 와도 보통밖에 안 된다. 다른 직장에서 일을 못하는 사람은 여기 와도 못한다는 말이다.

장기적인 작전으로 임하라

"직장인은 리크루팅하기가 힘들어요. 시간도 더 오래 걸리고요. 노력도 더 많이 해야죠. 하지만 정착률은 더 좋습니다. 직장인을 리크루팅할 때는 인내심이 필요합니다. 당장을 보면 안 돼요. 적어도 1년 앞을 보고 접근해야 해요."
이렇게 말하면서 그는 한 팀원의 사례를 들어 설명했다.

그 팀원은 입사 1년 만에 한 달 소득이 2,000만 원이 넘었다. 그는 1년 전까지만 해도 백화점에서 매니저로 활동했다. 3년 전에 그의 이름을 다른 팀원에게서 소개받았다. 한 팀원이 자기 고객 중에서 소개해주었던 사람인데 처음 만났을 때 한마디로 거절했다고 했다. 백화점에서 매니저로 잘나가는데 한 번에 오겠다고 했겠는가?

그런 사람을 리크루팅하기까지 2년 걸렸다. 정기적으로 문자 메시지를 보내고, 일주일에 한 번씩 이메일로 자료를 보내고, 한 달에 두 번씩 찾아가서 만났다. 그렇다고 설득하려고 덤비지는 않았다. 그가 백화점에서 근무하기에 찾아가서 만나기는 어렵지 않았다. 그러나 영업장에서 근무하니 길게 대화할 수는 없었다. 찾아갈 때마다 눈도장을 찍는 정도였다.

그렇게 2년여 동안 친분을 쌓는 데 주력했다. 그런데 경기가 어려워지면서 매출 부진으로 그가 일하던 매장이 백화점에서 철수하게 되었다. 이를 계기로 이직을 고민하기 시작했고 평소 친분을 쌓아온 덕분에 그를 새 식구로 만들 수 있었다.

"현재 일을 하고 있는 사람은 지금 당장 우리 식구가 될 수는 없죠. 그러나 장기적인 안목으로 관리하면 이보다 더 좋은 우량 자원이 없어요. 우리 팀의 대형 사원은 다 직장 근무자 출신입니다." 그가 결론적으로 한 말이다.

리·크·루·팅 명장의
One Point Lesson

일하는 사람을 집중 공략하기

1. 일하는 사람을 집중적으로 찾아라.
2. 대형 사원이 될 우량 자원이다.
3. 장기적인 안목으로 관리하라.
4. 적어도 1년 이상 관리가 필요하다.
5. 평소에 친분 쌓기에 주력하라.

'경단녀'를 찾아라

'경단녀'란?

"우리 팀의 이름은 '경단녀'입니다. 떡 이름 같기도 하죠? 경력이 단절되었던 여성이라는 뜻입니다. 직장생활하다 결혼, 임신, 육아 등으로 집에서 전업주부로 있다가 다시 뭉치게 된 아줌마 조직입니다." 한 매니저가 웃으면서 농담 섞인 어투로 한 말이다.

그의 조직은 막강한 아줌마들로 이루어졌다. 30명 넘는 조직원이 전부 아줌마이다. 그중 80%가 20~30대에 직장생활을 한 경험이 있다. 출산, 육아 등으로 직장을 그만두고 자녀에게만 매달렸다가 다시 자기 이름을 찾겠다고 나선 사람들이다.

"여기 이 사원은 전에 경리 업무를 했습니다. 얼마 전까지 대형 마트에서 아르바이트를 하다 저를 만났어요." 매니저가 30대로 보이는 한 사원을 소개했다.

그 사원은 중소기업에서 경리 업무를 하다가 임신으로 직장을 그만두었다고 한다. 출산 후 복직할 생각이었으나 생각만큼 쉽지 않았다고 한다. 자녀가 중학생이 되면서 시간을 낼 수 있기에 대형 마트에서 아르바이트를 하다 매니저를 만나 다시 일을 시작하게 되었다는 것이 그녀의 설명이었다.

30~40대 '경단녀'를 찾아라

"우리 팀원은 단결력이 대단합니다. 특히 경단녀 찾는 데는 너나없이 적극적입니다." 그가 팀원들과 함께 경단녀 찾는 방법을 설명하면서 한 말이다.

그는 팀원들과 함께 전개하는 캠페인이 있다고 했다. '경단녀 1인 5명 소개하기 운동'이 그것이다. 고객이든, 주변 사람이든 가리지 않고 직장 경력이 있는 사람이면 무조건 소개만 해주면 된다는 것이다. 1인당 5명씩 소개하자는 것이 이 캠페인의 핵심이라고 했다.

이 캠페인으로 전직 간호사, 은행원, IT 업종 근무자, 텔레마케터 등 다양한 사람을 도입했다고 한다.

대학에서 컴퓨터공학을 전공한 뒤 IT 기업에서 6년 근무한 사원이 있다. 아이를 임신하고 직장을 그만둘 때만 해도 다시 돌아갈 수 있을 거라 생각했다.

그러나 아이를 낳은 뒤 3년 만에 돌아가려 했더니 빠르게 변하는 IT 업계의 특성상 30대 고학력 아줌마가 설 자리가 없었다. 목구멍이 포도청이라 재택 업무를 하던 차에 이 매니저를 만나서 다시 일을 시작하게 되었다.

　은행원이었던 사원이 있다. 둘째를 출산하고 자녀 교육 때문에 은행을 그만둬야 했다. 10년 넘게 자녀와 남편 뒷바라지만 하다가 무엇인가 다시 시작해야 한다는 생각에 여기저기 일자리를 찾던 중에 이 매니저를 만났다.

리크루팅을 분업화하라

"우리 팀은 리크루팅이 철저하게 분업화되어 있습니다. 사원들은 경단녀 이름만 소개해줍니다. 그다음 배양하고 면담하는 것은 전적으로 제가 합니다." 그가 리크루팅을 풀어가는 방법을 설명하면서 한 말이다.

　사원들은 주변에 30~40대 여성이 있으면 무조건 이름만 소개한다. 그게 전부다. 그다음 찾아가서 만나고 면담하는 것은 매니저 몫이다. 매니저가 한두 달, 아니 1년이 걸려서 리크루팅하면 그 사람 코드를 소개해준 사람 밑으로 넣는다. 이게 그의 팀이 빨리 일어난 비결이라고 했다.

　사원들은 이름만 소개해주면 되니 리크루팅에 대한 부담감이 없다. 이름만 소개해주면 그다음은 매니저가 알아서 하니 신경 쓸 일도 없다. 더욱이 자기가 소개해준 사람이 들어오면 자기 밑으로 코드가 잡히니 자원 소개가 쉽게 이루어진다는 것이다.

　30~40대 경단녀는 자기 일을 해야 한다는 생각이 무척 강하다. 직장 생활을 한 경험이 있기에 대인관계, 사회활동에 대한 기본적인 자세를 갖추고 있다. 그러나 경력과 스펙이 좋은 여성들이 가사 때문에 갈 곳을 못 찾고 있다.

20대 때 전문직종에서 근무했던 경험이 있는 사람들이 자녀 양육으로 전업주부 생활을 하다가 다시 자기 일을 찾으려고 하나 갈 곳을 못 찾고 있다.

30~40대 경단녀를 집중적으로 찾아라. 긍정적이면서 적극적인 막강 파워를 가진 아줌마들이다. 여자는 약하지만 아줌마는 강하다.

리·크·루·팅 명장의
One Point Lesson

'경단녀' 1인 5명 소개받기 운동

1. '경단녀'를 집중적으로 찾아라.
2. 1인 5명 이름 소개하기 운동을 전개하라.
3. 이름만 소개받아라.
4. 배양하고 면담하는 것은 매니저가 해야 한다.
5. 30~40대 여성을 집중적으로 찾아라.

'안 오겠다'는 사람이 좋은 자원이다

당장을 보지 마라

"케임브리지대학교에서 경제학을 가르치는 장하준 교수가 이런 말을 했습니다." 30명이 넘는 조직을 이끌고 있는 한 베테랑 매니저가 리크루팅 대상자 찾는 방법을 설명하면서 이렇게 말을 꺼냈다.

이 매니저는 리크루팅 대상자를 찾는 데 장하준 교수의 말을 항상 떠올린다고 한다. 장하준 교수의 말을 인용하면 이렇다.

"200년 전에 노예 해방을 외치면 미친 사람 취급을 받았습니다. 100년 전에 여자에게 투표권을 달라고 하면 감옥에 집어넣었습니다. 50년 전에 식민지에서 독립운동을 하면 테러리스트로 수배되었습니다. 단기적으로는 보면 불가능해 보여도 장기적으로 보면 사회는 계속 발전합니다. 그러니 지금 당장 이루어지지 않을 것처럼 보여도 대안이 무엇인가 찾고 이야기해야 합니다."

이 매니저는 장하준 교수의 말이 '지금 당장을 보지 말고 장기적으로 보라'는 메시지로 마음을 헤집고 들어왔다고 했다. 그러면서 그는 리크루팅을 하려면 단기적으로 보지 말고 장기적으로 보라고 강조했다.

적극적인 사람을 찾아라

"저에게는 리크루팅 대상자를 찾는 몇 가지 기준이 있습니다. 제가 집중적으로 찾는 사람은 이런 사람들입니다." 그는 자신이 집중적으로 찾는 리크루팅 대상자를 소개했다. 그가 찾고 있는 리크루팅 대상자들은 ① 집안 정리 정돈 잘해놓은 사람, ② 시댁 식구에게 잘하는 사람, ③ 절대 안 오겠다고 하는 사람, ④ 남편이 반대하는 사람이다.

왜 이런 사람들을 우선적으로 찾는지 그 이유를 물어보았더니, 이렇게 대답했다.

첫째, 집안 정리 정돈을 잘해놓은 사람은 부지런한 사람이다. 집안이 어수선하고 난장판인 사람은 게으른 사람이다. 일 처리가 매끄럽지 못한 사람이다. 하지만 집안 정리 정돈을 잘해놓은 사람은 부지런한 사람이다. 일 처리가 깔끔하고 적극적인 사람이다.

둘째, 시댁 식구에게 잘하는 사람은 인간관계가 원만한 사람이다. 이기적인 사람이 아니라 헌신하고 봉사하는 사람이다. 시댁 식구에게 잘하는 사람은 어디에서 누구를 만나더라도 헌신하고 봉사하는 일을 잘한다. 우리 일은 이런 사람들이 잘한다.

셋째, 절대로 오지 않겠다는 사람은 대형 사원감이다. 지금은 고정관념 때문에 부정적인 태도를 보이지만 장기적으로 접근하면 반드시 우리 식구가 될 사람이다. 그 팀의 대형 사원들은 대부분 이 부류에 속한 사람이었다.

넷째, 남편이 반대하는 사람은 화합 정신이 강한 사람이다. 자기중심의 이기적인 사람이 아니라 다른 사람을 배려하는 따뜻한 마음을 가진 사람이다. 이런 사람은 남편의 협조만 얻어내면 활동을 잘하는 우수 사원이 된다.

쉽게 오는 사람은 재미없다

"쉽게 오는 사람은 재미없잖아요. 어렵게 도입한 사람은 특히 더 애착이 갑니다." 이렇게 말하면서 그 사람들에게 접근하는 자기만의 방법도 일러주었다.

그는 일단 '안 된다'고 말하는 사람을 환영한다고 했다. 한두 번 만남으로 오겠다고 하는 사람은 일단 경계하라고까지 했다. 몇 년 전 초보 매니저일 때 그는 성격이 활달한 사람을 도입했다. 두 번인가 만났을 때 오겠다고 해서 도입에 성공한 사람이다. 성격도 활달하고 말도 시원시원하게 잘해서 '딱 영업 체질이다'라는 생각을 갖게 되었다.

그러나 그는 3개월도 못 되어 탈락하고 말았다. 말이 많다 보니 주변 사람들과 불화가 생기고 믿음을 주지 못했기 때문이다. 그때 얻은 교훈이 쉽게 오는 사람은 쉽게 탈락한다는 것이다.

'안 된다'고 말하는 사람을 리크루팅하려면 먼저 멀리 보아야 한다. 당장을 보지 말고 길게 보고 접근하는 것이다. 매주 한 번씩 전화하고 한 달에 한 번씩 DM을 보낸다. 그리고 가끔 일부러 집으로 찾아간다. 또 남편과 친해지기 위해서 부부동반 식사 자리를 만들기도 한다. 남편과 친해지고 나면 그다음은 거칠 것이 없더라는 것이 그의 경험담이다.

리·크·루·팅 명장의
One Point Lesson

'안 된다'는 사람 환영하기

① 집안 정리 정돈 잘해놓은 사람, ② 시댁 식구에게 잘하는 사람, ③ 절대 오지 않겠다는 사람, ④ 남편이 반대하는 사람
"지금 당장은 불가능해 보이는 사람처럼 보이지만 장기적으로 접근하면 반드시 우리 식구가 될 우량 자원들이다."

신종플루 감염자를 조심하라

한 명 때문에 전체가 죽는다

"신종플루, 구제역, 조류독감의 공통점이 무엇인지 아세요? 1급 전염병이라는 것입니다. 하나가 이 병에 걸리면 주변에 있는 모든 것이 몰살당한다는 것입니다." 한 매니저가 리크루팅 대상자 선별의 중요성을 설명하면서 한 말이다.

 몇 년 전 조류독감으로 난리가 난 적이 있다. 새, 닭, 오리 등과 같은 조류에게 급속도로 퍼지는 전염병이 조류독감이다. 한 지역에서 새나 닭이나 오리 중에 한 마리가 조류독감에 걸리면 반경 3km의 조류는 몰살시킨다. 그 한 마리 때문에 조류독감이 급속도로 퍼져나가기 때문이다.

그렇게 했는데도 1차 방역망이 뚫리면 반경 10km 이내의 조류들은 몰살시킨다. 더 확산되지 않도록 하기 위한 고육책이다. 조류독감에 걸린 한 마리 때문에 반경 10km 안에 있는 건강한 조류들이 몰살당하는 것이다.

구제역으로 온 나라가 홍역을 앓은 적이 있다. 소나 돼지 같은 가축에게 퍼지는 전염병이 구제역이다. 경상도 지역에서 발생한 구제역 때문에 전국에서 사육되던 엄청난 양의 건강한 소나 돼지들이 몰살당했다.

신종플루로 온 나라가 공포에 떤 적이 있다. 해외여행객 한 사람이 신종플루에 걸렸는데 이 병이 급속도로 퍼지다 보니 므든 사람이 공포의 나날을 보내야 했다.

메뚜기를 조심하라

"신종플루 감염자를 조심해야 합니다. 그 한 사람 때문에 조직 전체가 죽을 수 있기 때문입니다." 한 사람 잘못 리크루팅하면 건강한 조직이 망가지게 된다면서 이 매너저가 강조한 말이다.

조류독감은 철새들에 의해 전염되고 신종플루는 해외여행객 때문에 전염되었다고 했다. 신종플루 감염자를 조심해야 한다. 조류독감을 퍼뜨리는 철새를 조심해야 한다.

그러면 리크루팅에서 철새는 누구인가? 바로 메뚜기족이다. 폴짝폴짝 옮겨 다니는 사람을 메뚜기족이라고 한다. 메뚜기족은 부정적인 사고를 지녔다. 자기밖에 모르는 이기적인 사람들이다. 툭하면 다투고 논쟁하고 비방하는 것이 몸에 밴 사람들이다. 그러다 보니 한 조직에 오래 머물러 있지 못한다. 융합을 못하는 것이다.

"요새 스카우트 바람이 거세잖아요. 급한 김에 덥석 메뚜기 한 마리 잘못 물었다가 조직이 풍비박산이 난 매니저를 종종 봅니다." 메뚜기족을 조심해야 한다면서 리크루팅 한 명 잘못 해서 조직이 망가진 동료 매니저의 사례를 들려주었다.

같은 업종에서 근무하는 사람을 우연찮게 알게 되었다. 리크루팅 압박이 심했던 이 매니저에게는 그 사람이 반가울 수밖에 없었다. 함께 일할 것을 제안하였다. 의외로 그 사람이 쉽게 동의하였다. 나중에 알게 된 사실이지만 그 사람은 툭하면 보따리를 싸서 회사를 여러 번 옮겨 다닌 메뚜기족이었다.

그때도 다니던 회사에서 문제가 있어 다른 곳으로 옮기려던 참이었다. 처음 한두 달은 괜찮았다. 석 달 정도 지난 뒤 문제가 생겼다. 조직에 자주 갈등이 생기고 확인도 안 된 헛소문이 퍼지는 등 혼란이 일었다. 급기야 몇 사람이 그만두면서 팀워크는 와르르 무너지고 말았다. 모두 잘못 도입한 메뚜기족 때문에 생긴 일이었다.

급히 먹으면 꼭 체한다

경력자를 찾으라는 말은 동종업계에서 옮겨 다니는 메뚜기를 찾으라는 말이 아니다. 다른 업종에서 근무하는 사람 중에 긍정적이고 적극적인 사람을 찾으라는 말이다. 동종업계에서 근무하는 사람을 스카우트하는 경우, 신중하고 또 신중해야 한다.

냉정히 생각해보라. 동종업계에서 근무하는 사람들 중에서 잘나가는데 옮기는 이들은 거의 없다. 성격에 문제가 있거나 활동에 문제가 있는 사람들이 옮기게 된다. 좋은 자원보다는 불량 자원일 확률이 훨씬 높다.

동종업계 경력이 있는 사람을 리크루팅하는 경우는 확인하고 또 확인해야 한다. 시간 여유를 두고 관찰하고 또 관찰한 다음 검증된 사람만 도입해야 한다. 급하다고 해서 불량 메뚜기를 덥석 물었다가는 조직 전체가 몰살당할 수 있음을 명심해야 한다.

"아무리 급하더라도 메뚜기는 리크루팅하면 안 됩니다. 차라리 굶어 죽는 한이 있더라도 메뚜기는 안 됩니다." 그 매니저가 강조하고 또 강조한 말이다.

리·크·루·팅 명장의
One Point Lesson

경력자 리크루팅할 때 주의사항

1. 신종플루 감염자를 조심하라.
2. 툭하면 옮겨 다니는 메뚜기가 신종플루 감염자이다.
3. 잘못 도입하면 기존 조직이 망가진다.
4. 쉽게 오겠다는 사람은 문제가 있는 사람이다.
5. 시간 여유를 가지고 확인하고 또 확인하라.

선별하고 또 선별하라

'독버섯'을 조심하라

"제가 알던 매니저가 얼마 전에 죽었어요. 독버섯을 식용버섯으로 착각하고 먹었다가 죽었다니까요. 독버섯 같은 사람을 잘못 리크루팅했다가 결국 자기가 죽고 만 거예요." 한 매니저가 리크루팅 대상자 선별의 중요성을 강조하면서 꺼낸 말이다.

버섯에는 식용버섯과 독버섯이 있다. 우리나라에서 자생하는 버섯은 1,500여 종인데 이 중 먹을 수 있는 버섯은 송이버섯, 능이버섯, 표고버섯 등을 포함해 전체의 2%가량에 불과하다. 나머지 98%는 독버섯이다. 독버섯은 식용버섯과 모양과 색깔이 비슷해서 구분하기가 쉽지 않다. 따라서 야생버섯은 잘못하면 독버섯일 수 있기 때문에 욕심을 내서는 안 된다.

"리크루팅을 할 때도 마찬가지입니다. 리크루팅을 해야 할 사람과 하지 말아야 할 사람이 있습니다. 유익한 사람과 독이 되는 사람이 있다는 말입니다." 그 매니저는 이렇게 말하면서 리크루팅을 잘못해서 망한 동료 매니저 얘기를 했다.

'먹튀'가 극성이다

요즘 먹고 튀어버리는 '먹튀'를 잘못 리크루팅해서 고통을 당하는 매니저가 많다. 이 매니저의 경우가 그랬다. 타사에서 근므하고 있다는 사람을 만났다. 처음 만나 명함을 교환하고 그 뒤 연락하면서 한두 번 더 만났다.

그런데 하루는 그 사람이 이직에 대해 운을 띄웠다. 반가운 소리가 아닐 수 없었다. 마침 회사에서는 타사 근무자 스카우트를 강조하고 있었기에 그 사람을 지점장에게 소개했다. 지점장과 면담을 통해서 여러 가지 혜택을 제공하는 조건으로 그와 동료 2명을 스카우트했다. 식구가 갑자기 3명 늘어난 것이다.

그들이 들어온 뒤 10개월은 정말 천국 같았다. 그들이 펑펑 영업을 터뜨리는 바람에 본부에서 매월 1등을 휩쓸었다. 문제는 그다음에 생겼다. 10개월 정도 지나자 그들은 출근이 뜸하더니 급기야 사라졌다. 그들의 계약은 부실투성이였다. 정상적인 계약은 하나도 없고 모두 편법적이었다.

그들은 속칭 '먹튀'들이었다. 각종 혜택과 수당만 챙기고 튀어버리는 독버섯이었다. 담당 매니저는 각종 수당 환수로 경제적인 어려움을 겪었고, 조직은 한순간에 무너지고 말았다.

집안이 평안하려면 며느리가 잘 들어와야 한다고 했다. 어떤 며느리가 들어오느냐에 따라 집안의 화목과 화합이 달라진다. 좋은 며느리가 들어오면 집안이 흥하고 행복한 웃음이 끊이지 않는다. 그러나 잘못된 며느리가 들어오면 화평이 깨지고 갈등과 분열이 끊임없이 일어나게 된다. 그래서 '리크루팅은 며느리 고르듯이 하라'고 하는 것이다.

선별하고 또 선별하라

"독버섯을 먹으면 죽습니다. 먹튀를 리크루팅하면 죽습니다. 그러나 일반인은 무엇이 독버섯인지 누가 먹튀인지 잘 모릅니다. 그것이 문제입니다." 그가 이어서 한 말이다.

당연한 말이지만 우량 자원만 리크루팅해야 한다. 그러나 대부분 우량자원인지 불량자원인지 선별할 여건이 되지 못한다. 누구 한 사람이 오겠다고 하면 두 손 들어 환영한다. 자기가 죽을지도 모르고 말이다.

앞서 소개한 매니저는 왜 먹튀를 골라내지 못했을까?

첫째는 리크루팅의 정석을 무시했기 때문이다. 리크루팅을 할 때는 대상자를 찾아 배양하는 프로세스를 통해 배양 리크루팅을 해야 한다. 하지만 이 방법은 시간과 노력이 많이 든다. 그래서 이 방법을 무시하고 편법으로 타사 스카우트 유혹에 빠진다. 사냥감을 쫓아다니는 수렵형 리크루팅, 나무에 열린 열매를 따먹는 채취형 리크루팅은 안 된다. 씨 뿌리고 물 주는 과정을 거치는 경작형 리크루팅이어야 한다.

둘째는 너무 서둘렀기 때문이다. 즉 조바심 바이러스에 걸렸기 때문이다.

'허기진 강아지 물찌똥에 덤빈다'고 했다. '급하게 먹는 밥이 체한다'고 했다. 눈앞의 결과에만 매달리다 보니 독버섯도 반가웠던 것이다. 독버섯일수록 화려하다는 사실을 잊지 마라.

먹튀는 화려한 경력을 내세우며 금전적 혜택뿐만 아니라 다른 우대 조건을 요구하는 협상을 한다. 화려한 독버섯의 유혹에 끌리지 마라. 리크루팅은 서두르면 망한다는 사실, 급하게 먹으면 탈이 난다는 사실을 잊지 마라.

리·크·루·팅 명장의
One Point Lesson

'독버섯'을 골라내는 방법

1. 정석을 지켜라. 수렵 채취 형식이 아니라 경작 형식이어야 한다.
2. 협상을 거부하라. 요구 조건을 내세우는 사람이 독버섯이다.
3. 메뚜기족을 멀리하라. 동종업계에서 이직하는 사람을 경계하라.

3장

리크루팅 명장의
배양 활동

> 콩나물에 물을 주면 물은 다 빠지고 없지만 콩나물은 어느새 쑥쑥 자라는 것처럼 사람을 만나면 처음에는 거절을 하기도 하고 이런저런 이유를 대면서 안 된다고 하는 등 아무 결실이 없는 것처럼 보이지만 정기적으로 만나면 콩나물처럼 인간관계가 어느새 쑥쑥 자라는 것을 보게 됩니다.

'10:30:60 법칙'을 따르라

휴먼 네트워크 100명을 만들어라

"세상에는 세 종류의 친구가 있다고 하죠? 밥 같은 친구, 빵 같은 친구, 약 같은 친구입니다." 자천타천 인맥관리의 달인이라고 하는 한 매니저를 만났다. 그가 사람 관리하는 방법을 소개하면서 꺼낸 말이다.

첫째는 밥 같은 친구이다. 기쁠 때도 슬플 때도 평생 같이할 가장 절친한 친구이다. 밥은 우리 주식이다. 한국 사람은 밥심으로 산다고 한다. 밥이 없으면 힘을 못 쓴다. 힘의 근원이 되는 친구가 밥 같은 친구이다.

둘째는 빵 같은 친구이다. 긴밀한 관계의 친구이다. 주식은 아니지만 가끔 먹는 것이 빵이다. 빵을 주식처럼 날마다 먹는 사람도 있다. 그러나 사람들은 대부분 빵을 가끔 먹는다. 날마다는 아니지만 주기적으로 긴밀한 관계를 갖는 사람이 빵 같은 친구이다.

셋째는 약 같은 친구이다. 급할 때 필요한 친구이다. 몸에 이상이 생겼을 때 급하게 찾는 것이 약이다. 나에게 급한 상황이 생겼을 때 찾을 수 있는 친구가 약 같은 친구이다.

"책에서, 성공한 사람들이 휴먼 네트워킹하는 방법 중에 '10:30:60 법칙'을 활용한다는 것을 읽은 적 있습니다." 그가 인맥관리의 구체적인 방법을 이야기하면서 한 말이다.

평생 같이할 친구 10명을 만들어라. 기쁠 때나 슬플 때나 나와 함께할 친구들이다. 관계가 긴밀한 친구 30명을 만들어라. 평생은 아닐지라도 정기적으로 만나는 친구들이다. 급할 때 찾을 수 있는 친구 60명을 만들어라. 필요에 따라 모일 수 있는 친구들이다. 이것이 성공하는 사람들이 쓰는 '10:30:60 법칙'이라는 것이다.

단계별로 구분 관리하라

"리크루팅 대상자를 최소한 100명은 찾아야 합니다. 그 대상자를 단계별로 관리해야 합니다." 그가 리크루팅 자원 관리 방벽을 이렇게 설명했다.

친구를 관리할 때 밥 같은 친구 10명, 빵 같은 친구 30명, 약 같은 친구 60명의 비율로 관리하는 것처럼 리크루팅 대상자를 관리할 때도 '10:30:60 법칙'을 활용해보라고 한다. 즉 이번 달에 집중적으로 면담을 추진할 사람 10명, 3개월 내에 면담이 가능하게 할 사람 30명, 친분관계 쌓기에 주력해야 할 사람 60명을 만드는 것이다.

"이번 달에는 10명을 집중 공략해서 최소한 한 명 도입에 성공하는 겁니다. 나머지 90명은 다음을 위해서 다양한 방법으로 친분관계 쌓기에 주력하는 것이죠. 이게 제가 세일즈와 리크루팅을 하면서 집중적으로 실천하는 사람 관리 방법입니다."

이것이 타깃 리크루팅 방법이요, 배양 리크루팅 방법이라고 그는 힘주어 말했다. 중요한 것은 매일 리크루팅 대상자를 찾는 활동을 게을리하면 안 된다는 것이다. 리크루팅 대상자는 적어도 하루에 한 명은 꼭 찾아야 한다.

매일 리크루팅 대상자를 찾는 활동을 통해서 100명을 확보하는 것이 첫 번째 해야 할 일이다. 그래야 두 번째 단계로 넘어갈 수 있다. 100명의 자원을 3개월, 6개월 앞을 보면서 친분관계 쌓기에 주력하는 것이 두 번째 단계이다. 마지막 세 번째 단계가 평상시 친분관계를 쌓아온 활동을 기반으로 이번 달에 집중적으로 공략할 대상자 10명을 추려내어 그들에게 모든 활동력을 집중하는 것이다.

주간 단위로 체크하라

"매주 금요일 저녁 퇴근 전에 100명의 리크루팅 자원을 단계별로 구분하는 일을 합니다." 이렇게 말하면서 그는 자신이 관리하는 리크루팅 파일을 보여주었다. 리크루팅 파일은 A급, B급, C급으로 나뉘어 있었다. A급은 이번 달에 집중적으로 추진하고 있는 사람들의 카드가 있는 파일이다. B급은 3개월 내에 면담이 가능하다고 생각하는 사람들의 카드가 있는 파일이다. C급은 이

제 배양하고 있는 사람들의 카드가 있는 파일이다.

그는 매주 금요일 저녁에 한 주간의 배양활동을 점검하면서 리크루팅 대상자 카드를 재분류하는 작업을 해놓고 퇴근한다고 했다.

월요일 아침에는 한 주간 접촉할 대상자 명단을 리스트업 한다. 특히 이번 달에 집중적으로 공략하는 A급 카드의 사람들을 접촉하는 방법을 연구한다. 이와 함께 B급 카드에 있는 사람들의 명단도 별도로 만들어 한 주간 집중적으로 배양활동을 하는 것이다.

"제 힘은 여기에서 나옵니다. '10:30:60 법칙'을 따랐더니 사람을 체계적으로 관리하는 방법이 나오더라고요." 그가 결론적으로 한 말이다.

리·크·루·팅 명장의
One Point Lesson

리크루팅 자원 관리 '10:30:60 법칙'

1. 리크루팅 카드를 100매 이상 만들어라.
2. 이번 달에 집중 공략할 사람 10명을 골라내라.
3. 3개월 안에 면담 추진할 사람 30명을 추려내라.
4. 친분 쌓기에 주력할 사람 60명을 만들어라.
5. 주간 단위로 이렇게 분류하는 작업을 하라.

'7·15·30 시스템'으로 관리하라

'이웃사촌 전략'으로 풀어라

"이웃사촌이라는 말이 있죠? 멀리 있는 친척보다 매일 얼굴을 대하는 이웃 사람이 정이 들어 사촌 형제처럼 가깝게 된다는 말입니다. 리크루팅 대상자는 이웃사촌 전략으로 관리해야 합니다." 철저한 배양 관리를 통해서 우량 자원을 리크루팅하고 있는 매니저가 한 말이다.

그가 말하는 리크루팅 활동의 핵심은 체계적인 관리를 통한 리크루팅이다. 우량 사원을 도입하기 위해서는 철저한 과정 관리가 있어야만 한다고 그는 주장했다. 1년에 한두 번, 즉 추석 때나 설날에 만나는 고향 친척과 같은 방법으로 리크루팅 대상자를 관리하면 안 된다고 했다. 날마다 얼굴을 대하는 이웃처럼 리크루팅 대상자를 접촉해야 한다는 것이다.

식당에 이런 액자가 걸려 있었다. '반갑습니다'라는 제목에 다음과 같은 내용이 적혀 있었다. '한 번 오신 손님 처음이라 반갑고, 두 번 오신 손님 구면이라 반갑네. 세 번 오신 손님 단골이라 반갑고, 네 번 오신 손님 가족 같아 반갑네.'

전혀 모르는 남남도 한 번 만나고 두 번 만나고 세 번 만나고 자주 만날수록 관계가 달라진다는 말이다. 사람과의 관계는 만나는 횟수에 따라 달라진다고 그는 강조하고 또 강조했다.

'7·15·30 관리 시스템'을 만들어라

"제가 리크루팅 대상자를 관리하는 이웃사촌 전략은 '7·15·30 관리 시스템'이라고 이름 붙였습니다." 그가 리크루팅 대상자 관리 방법을 소개하면서 한 말이다.

그는 책상 서랍에서 양식 석 장을 꺼내서 보여주었다. 그 양식에는 각각 일주일 미접촉자, 15일 미접촉자, 30일 미접촉자라는 제목이 굵은 글씨로 인쇄되어 있었다. 그는 매일 아침 이 양식들에 리크루팅 대상자를 리스트업 한다. 리크루팅 대상자 명단을 보면서 일주일 미접촉자, 15일 미접촉자, 30일 미접촉자로 구분하여 각각의 종이에 리크루팅 대상자를 적는 것이다.

"이렇게 일주일, 15일, 30일 단위로 종이에 적은 사람을 중심으로 다양한 방법으로 접촉을 시도합니다. 문자 메시지, 편지, DM, 전화, 직접 찾아가기 등 어떤 형태로든 접촉합니다."

그는 직접 찾아가는 방법뿐만 아니라 문자 메시지, 전화, 편지 등 다양한 방법으로 리크루팅 대상자를 적어도 일주일에 한 번씩은 접촉해야 한다는 것을 원칙으로 정해놓고 행동으로 옮기고 있다고 했다.

그는 리크루팅 대상자 이름이 적힌 양식을 별도로 관리했다. 컴퓨터로 '리크루팅 대상자 리스트'라는 제목으로 리크루팅 대상자 이름을 쭉 적어 놓은 양식을 인쇄하여 활용했다. 이 양식에 날마다 최종적으로 접촉한 날짜를 기록해서 보관한다.

그는 리크루팅 대상자를 일주일에 한 번은 반드시 접촉해야 한다고 강조한다. 그게 여의치 않은 경우 15일을 넘기면 안 된다고 한다. 15일이 지나도 접촉하지 않은 사람이 있다면 그 사람과의 관계에 문제가 있다는 것이다. 더욱이 30일이 지나도 한 번도 접촉하지 않은 사람은 있어서는 안 된다는 것이 그의 주장이다.

'선택과 집중'으로 풀어라

"타깃 리크루팅을 해야 한다고 하죠? 또 배양 리크루팅을 해야 한다고 합니다. 저는 이것을 어떻게 해야 할지 고민을 참 많이 했습니다. 몇 날 며칠을 고민한 끝에 이 방법을 찾아냈죠." 그는 이 방법으로 리크루팅에 성공한 사람들의 이름을 하나하나 짚어주었다. 모두 활동을 잘하고 있는 대형 사원들이라고 했다.

우량 자원을 도입하려면 '선택과 집중'을 해야 한다. 선택이라는 말은 리크루팅 대상자를 찾아서 가능성이 있는 사람을 골라내는 것이다. 그리고 집중이라는 말은 이 사람들을 어떤 형태로든 집중적으로 관리해야 한다는 것이다.

"막연한 방법은 안 됩니다. 구체적인 대상자도 없이 막연하게 기다리기 때문에 리크루팅에 실패하는 겁니다. 구체적으로 누구누구를 관리할지 리크루팅 대상자 명단을 만드는 것이 첫 번째 해야 할 일입니다. 그리고 나서 그 사람들에게 모든 활동력을 집중해야죠."

그는 이것을 선택과 집중이라고 했다. 이것이 타깃 리크루팅을 하는 방법이요, 배양 리크루팅을 하는 방법이라 했다. 말로만 타깃 리크루팅을 해야 한다, 배양 리크루팅을 해야 한다고 떠들 일이 아니다. 생각만으로 선별 도입을 해야 한다, 배양 도입을 해야 한다고 할 때가 아니다. 구체적인 방법으로 리크루팅 대상자를 선별하고, 밀착 관리하는 방법을 찾아 실천해야 한다.

리·크·루·팅 명장의
One Point Lesson

'7·15·30' 관리 시스템

1. 일주일 미접촉자 명단을 리스트업 하라.
2. 15일 미접촉자 명단을 리스트업 하라.
3. 30일 미접촉자 명단을 리스트업 하라.
4. 전화, 문자, 편지, DM, 직접 방문 등 어떤 형태로든 접촉하라.
5. 최종 접촉한 날짜를 기록 관리하라.

퇴근 전 5가지를 체크하라

'1일 3성'하라

"1일 3성(一日三省)이라는 말이 있잖아요. 하루에 세 번 자신의 행동을 돌아본다는 말입니다. 저도 리크루팅 활동을 하루에 세 번씩 되돌아봅니다." 조직 부분에서 연도상을 받은 한 매니저가 한 말이다.

1일 3성은 '날마다 세 번 내 몸을 살핀다'는 말이다. 이를 풀이하면 '하루에 세 번씩 자신의 행동을 반성한다'는 말이다. 이는 공자의 제자 증자가 한 말이라고 한다. 증자는 항상 자신이 한 일에 대하여 잘못한 점이 있는지를 반성하였다고 한다.

그가 말하기를 "나는 매일 내 몸을 세 번 살핀다. 다른 사람의 일을 정성을 다하여 도와주었는지, 친구에게 믿음이 없는 행동을 하지 않았는지, 스승의 가르침을 잘 배웠는지 세 가지를 매일 반성했다'는 것이다.

"제가 매일 되돌아보는 것은 오늘 하루 나는 리크루팅을 위해서 무엇을 했는가 하는 겁니다. 리크루팅 대상자를 찾는 노력을 했느냐, 배양활동에 주력했느냐, 1명이라도 직접 만나보았느냐 하는 것입니다."

리크루팅은 자기 자신이 풀어야 할 숙제라고 그는 말했다. 남이 풀어줄 수 있는 일이 아니라는 것이다. 대상자를 찾는 일도 자기가 해야 하고, 배양활동도 자기가 해야 하고, 만나는 일도 자기가 직접 해야 한다는 것이다. 리크루팅은 자기 자신과 치열하게 싸워야만 풀 수 있는 문제라고 한다. 그 문제를 풀기 위해서 얼마나 많이 고민하고 얼마나 많은 시간을 투자하고 얼마나 많은 사람을 만나는지 매일 돌아봐야 한다는 것이다.

퇴근 전 5가지를 체크하라

"저는 퇴근하기 전에 5가지를 체크합니다." 그 매니저가 이어서 한 말이다.

첫째는 공략 대상자를 리스트업 했느냐를 체크한다. 리크루팅은 막연한 방법으로 접근하면 안 된다. 구체적으로 접근할 사람을 종이에 적어서 그 사람들에게 모든 활동을 집중해야 한다. 사자가 먹잇감을 사냥할 때 온 힘을 집중하듯이 구체적인 공략 대상자를 종이에 적어서 모든 활동력을 그 사람에게 집중해야 한다.

둘째는 리크루팅 카드 만들었느냐를 체크한다. 세일즈맨의 힘은 고객카드에서 나온다. 매니저의 힘은 리크루팅 카드에서 나온다. 리크루팅 카드는 하루에 적어도 한 매 이상 만들어야 한다. 하루 세 끼 식사 중 한 끼라도 건너뛰면 배가 고프듯이 리크루팅 카드 만드는 것을 하루라도 건너뛰면 리크루팅은 힘들게 된다.

셋째는 3명 이상에게 전화했는지를 체크한다. 배양활동을 위해서 구체적으로 무슨 행동을 했는지를 체크하는 것이다. 문자를 보내고, 카드를 보내고, 전화를 하는 등의 활동을 점검하는 것이다. 그는 그중에서도 하루에 적어도 3명 이상에게 꼭 전화해야 한다고 주장한다.

넷째는 1명이라도 만나보았는지를 체크한다. '도전이 없는 하루는 죽은 하루'라는 말이 있다. 만남이 없는 리크루팅 활동은 죽은 활동이다. 오늘 하루 1명이라도 만나지 않았다면 리크루팅 활동은 하지 않은 것이나 다름없다.

다섯째는 새로운 아이디어를 찾았는지를 체크한다. 산꼭대기를 올라가는 길은 하나만 있는 것이 아니다. 수백 개의 길이 있지 않은가? 리크루팅에 접근하는 방법도 하나만 있는 것이 아니다. 사람에 따라 상황에 따라 접근방법이 달라야 한다. 어제와 다른 행동, 남들과 다른 행동을 위한 아이디어를 찾아야 한다.

체크리스트를 만들어라

"매일 퇴근하기 전 위의 5가지를 체크하면서 이것을 구체적으로 행동하기 위해서 체크 노트를 만들었어요." 이렇게 말하면서 그는 책상 서랍에서 공책을 한 권 꺼내 보여주었다. 5가지 체크 사항이 적힌 체크리스트를 20장씩 복사해서 공책처럼 한 권으로 제본한 것이었다.

그는 퇴근하기 전에 매일 한 장씩 체크리스트를 작성한다. 항목별로 구체적인 행동 결과를 적는 것이다. 단순히 체크만 하는 것이 아니라 오늘 누구를 대상으로 리크루팅 카드를 만들었는지 그 이름을 적고, 오늘 전화한 사람은 누구였는지 구체적인 이름을 적는다. 그리고 새로운 아이디어가 있다면 그 아이디어를 간단하게 메모하고 퇴근한다는 것이다. 이것이 그가 리크루팅에서 성공한 비결이라고 했다. 막연한 방법이 아니라 구체적인 방법으로 풀어갈 수 있었던 비결이라고 했다.

리·크·루·팅 명장의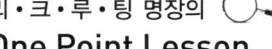
One Point Lesson

리크루팅 1일 체크리스트

1. 공략 대상자를 리스트업 했습니까?
2. 리크루팅 카드를 1매 이상 만들었습니까?
3. 3명 이상에게 전화했습니까?
4. 한 명이라도 만나보았습니까?
5. 새로운 아이디어를 찾아봤습니까?

'좌우지간 작전'을 실행하라

'맨딩 정신'과 '죽까 정신'

"리크루팅을 잘하려면 좌우지간 뛰쳐나가야 합니다. 이름만 소개받으면 무조건 찾아가는 거죠. 그게 저만의 리크루팅 방법이에요." 리크루팅을 위해서는 시간 불문, 장소 불문, 날짜 불문으로 뛰쳐나간다는 한 매니저를 만나 그의 '좌우지간 작전'을 들어보았다.

"제 인생철학은 '맨딩 정신'과 '죽까 정신'입니다. 맨딩 정신은 맨땅에 헤딩하는 정신이에요. 그리고 '죽까 정신'은 죽기 아니면 까무러치기로 덤비는 정신입니다."

그의 인생철학만 들어도 어떤 자세, 어떤 마음으로 살고 있는지를 짐작할 수 있다. 그는 맨땅에 헤딩해서 누구의 도움도 받지 않고 오직 자신만의 노력으로 30여 명의 조직을 만들었고, 죽기 아니면 까무러치기로 덤벼 리크루팅도 술술 풀어가고 있다고 했다.

"맨딩 정신은 무조건 부딪치고 보는 겁니다. 무조건 찾아가는 것이지요. 그리고 죽까 정신은 그가 우리 식구가 될 때까지 죽기 살기로 매달리는 겁니다. 이 두 가지 행동을 합쳐 '좌우지간 작전'이라고 합니다."

그가 말하는 좌우지간 작전은 무조건 찾아가라는 것이다. 찾아가서 그가 우량 자원인지 불량 자원인지 눈으로 확인하라는 것이다. 우량 자원이라 생각되면 그가 올 때까지 중간에 어떤 어려움이 있더라도 포기하지 않고 끝까지 물고 늘어지라는 것이다.

왜 '좌우지간 작전'인가?

"내가 공장을 운영하는 사장이라고 해보세요. 지금 새로운 기계를 한 대 들여오려고 하는데 가만히 앉아서 기다리겠어요? 그 기계가 어떤 기계인지, 상태가 어떤지 눈으로 확인해야죠. 안 그래요?" 좌우지간 작전이라는 이름으로 뛰쳐나가는 이유를 그는 이렇게 설명했다.

맞는 말이다. 어떤 신인이 들어오느냐에 따라 그 조직이 탄력을 받아 더 발전할 수도 있고 반대로 조직에 분란이 일어나 망가질 수도 있다. 밝고 긍정적이고 적극적인 우량 신인이 들어오면 조직은 더욱 활성화되지만, 얼굴이 어둡고 생각이 부정적이고 활동이 소극적인 사람이 들어오면 조직에는 오히려 마이너스로 작용하게 된다.

"알곡과 쭉정이는 분명히 가려야 합니다. 쭉정이로 밥을 지을 수는 없잖아요?"

리크루팅 활동에서 중요한 과정 가운데 하나가 선별(selecting)이다. 우량 자원과 불량 자원을 구분하는 과정이 반드시 필요하다. 그러나 사람들은 대부분 이 과정을 밟지 않는다. 알곡이든 쭉정이든 따지지 않고 무조건 받고 보는 것이다. 생산성을 늘리기 위해서 기계를 들여오는데 확인도 하지 않고 브로커가 하는 말만 믿고 무조건 받아들이는 것과 같다. 자원이 없다는 이유로, 시간이 없다는 이유로, 급하다는 이유로 말이다.

좌우지간 뛰쳐나가라

"부자가 되려면 굴러온 떡만 먹으려 하지 말고, 떡이 없으면 나가서 떡을 만들라고 합니다."

우리가 한심하다고 하는 사람이 있다. 어디에서 무엇을 하든 반드시 실패하는 사람이 있다. 그가 바로 감나무 밑에서 입을 벌리고 서서 홍시가 떨어지기만 기다리는 사람이다. 언제 떨어질지 모르는 홍시를 어제도 오늘도 내일도 입만 벌리고 서서 기다리는 것이다.

이는 리크루팅에 실패하는 사람들의 모습과 흡사하다. 언제 올지도 모르는 신인을 무작정 기다리고만 있는 것이다. 굴러온 떡만 먹으려 하는 것이다. 먹을 떡이 없으면 나가서 떡을 만들라고 했다. 이것이 부자가 되는 방법이라고 했다. 좌우지간 작전은 굴러온 떡을 기다리는 것이 아니라 떡을 만들기 위해 밖으로는 나가는 것이다.

"저의 좌우지간 작전에는 3대 원칙이 있습니다. 시간 불문, 장소 불문, 날짜 불문입니다."

그는 리크루팅을 위해서는 시간을 가리지 않는다고 했다. 아침 시간이든 저녁 시간이든 좌우지간 찾아간다. 장소도 가리지 않는다. 가까이 사는 사람이든 먼 곳에 사는 사람이든 일단 찾아가서 만나고 본다. 날짜를 가려서도 안 된다. 리크루팅을 위해서는 월초뿐 아니라 월말까지 한 달 내내 한다.

"좌우지간 작전으로 임하면 없던 사람도 나타나요. 좌우지간 작전으로 임하면 우량 신인만 들어와요. 이건 제 경험에서 얻은 확신입니다." 그가 손가락으로 브이(V) 자를 만들며 한 말이다.

리 · 크 · 루 · 팅 명장의
One Point Lesson

리크루팅의 '좌우지간 작전'

1. 좌우지간 뛰쳐나가라.
2. 우량 자원인지 불량 자원인지 만나서 확인하라.
3. 시간 불문, 장소 불문, 날짜 불문의 3대 원칙을 지켜라.

'콩나물 물주기'를 잊지 마라

'콩나물 물주기'를 아는가?

"콩나물 길러본 적 있으세요? 지금은 대부분 콩나물을 사서 먹지만 제가 어릴 때는 집집마다 콩나물을 길러 먹었습니다. 어찌 보면 리크루팅 활동은 콩나물 물주기와 같습니다."

한 매니저를 만났다. 그가 리크루팅 배양활동을 이야기 하면서 '콩나물 물주기론'을 꺼냈다.

전통적인 콩나물 기르는 장면을 생각해보라. 먼저 콩나물시루 바닥에 짚을 깐다. 그 위에 콩을 골고루 펼쳐놓는다. 그리고 정해진 시간에 정기적으로 물을 준다. 물을 주면 콩나물시루 바닥의 구멍을 통해서 물은 다 빠져나간다.

퍼부으면 퍼 붇는 대로 물은 모두 빠져나가 버린다. 그런데 보라. 콩나물은 어느새 쑥쑥 자라지 않는가. 물은 모두 밑으로 흘러가버린 줄만 알았는데 콩나물은 보이지 않는 사이에 무성하게 자란다.

"리크루팅 활동은 콩나물에 물주기처럼 해야 합니다. 아니, 사람 관리는 콩나물 물주기처럼 해야 해요. 콩나물에 물을 주면 물은 다 빠지고 없지만 콩나물은 어느새 쑥쑥 자라는 것처럼 사람을 만나면 처음에는 거절을 하기도 하고 이런저런 이유를 대면서 안 된다고 하는 등 아무 결실이 없는 것처럼 보이지만 정기적으로 만나면 콩나물처럼 인간관계가 어느새 쑥쑥 자라는 것을 보게 됩니다."

정기적으로 접촉하라

"중요한 것은 콩나물은 정기적으로 물을 주어야 한다는 것입니다. 콩나물은 정해진 시간에 물을 주어야 하죠. 물주는 것을 깜빡 잊었다고 해보세요. 그러면 잔뿌리가 생깁니다. 살기 위해서 잔뿌리를 뻗는 것입니다. 이런 콩나물은 상품성이 없어집니다."

그는 양질의 신인을 도입하려면 정기적인 관리가 필수라고 강조했다. 콩나물에 물주는 것처럼 정기적으로 접촉해야 하는데, 정기적으로 접촉하지 않으면 그 사람이 콩나물처럼 스스로 살기 위해서 다른 곳을 기웃거리게 된다는 것이다.

"한번은 이런 적이 있었어요." 그가 실패한 경험을 하나 들려주었다. 직장에서 근무하고 있는 사람을 소개받았다. 만나보니 '참 욕심나는 사람'이라는 생각이 들었다. 그러나 그는 현재 직장에서 잘 근무하고 있고 또 이쪽 일은 생각이 없다고 하는지라, 그날 이후 연락하지 않고 1년이 지났다.

그런데 어느 날 연락했더니 그가 경쟁업체에서 근무하고 있었다. 콩나물이 잔뿌리를 친 것처럼 관리하지 않는 사이에 경쟁업체로 간 것이다. 뒤늦게 땅을 치며 후회했다고 한다.

만남은 '콩나물에 물주기'다

"도전은 '콩나물에 물주기'라는 말이 있죠? 도전하다 실패하면 실패한 것 같지만 이는 실패가 아니라고 합니다. 실패를 통해서 또 다른 성공의 씨앗을 키우게 되기 때문이죠. 만남은 '콩나물에 물주기'라고 생각해요. 한 번 만났는데 아무 소득이 없을 수도 있어요. 하지만 그것은 실패가 아니라는 것이죠."

그는 지난번 실패를 교훈 삼아 대상자 한 사람을 소개받으면 성과가 있든 없든 정기적으로 관리한다고 했다. 그러면서 또 한 가지 사례를 들려주었다.

그의 팀원 중 입사한 지 6개월 된 사원이 있다. 활동을 잘하고 있는 고능률 사원이다. 이 사람을 도입하기 위해 8개월 동안 공을 들였다. 처음 만났을 때는 펄쩍펄쩍 뛰었다. 누구한테서 자기 정보를 얻었냐고 하면서 불쾌하다는 반응까지 보였다. 그랬던 그가 지금 자기 팀원으로 활동하게 된 동기는 정기적인 만남 덕분이었다. 한두 번 만나고 했더니 마음의 빗장이 조금씩 풀렸고 결정적인 기회가 닥치자 자기 식구로 도입할 수 있었다.

"사람이 항상 잘나간다는 법은 없잖아요. 내일이 어떻게 변할지는 아무도 몰라요." 그 사람의 경우가 그랬다.

그 사람을 찾아간 지 7개월 정도 지났을 때 그가 다니던 회사가 갑자기 부도가 났다. 잘나가던 회사가 부도가 나니 이 사람도 새로운 자리를 찾게 되었고, 정기적으로 관리한 덕분에 이 사람을 도입할 수 있게 되었다.

사람 관리는 '콩나물에 물주기'라는 사실을 잊지 마라. 정기적으로 물을 줘야 콩나물도 제 값을 받을 수 있듯이 사람도 정기적으로 관리해야 우리 편으로 만들 수 있다.

리·크·루·팅 명장의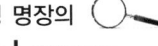
One Point Lesson

콩나물에 물주기

1. 리크루팅은 콩나물에 물주기 식으로 해야 한다.
2. 성과가 있든 없든 정기적으로 접촉하라.
3. 중요한 것은 정기적인 만남이다.
4. 한 번 만나고 두 번 만나고 자주 만나라.

'불도그 정신'으로 임하라

별명이 '불도그'이다

"저희 팀원들이 저를 '불도그'라고 부릅니다. 팀원들이 제게 붙여준 별명이 '불도그 매니저'예요."

왜 별명이 불도그인가? 불도그는 한 번 물면 놓지 않는다. 공격 대상자를 한 번 물면 대상자의 살점이 떨어져 나가든가 불도그의 턱이 나가든가 둘 중의 하나가 아닌 이상 절대로 놓지 않는다. 이런 불도그처럼 리크루팅 대상자를 한 번 물면 절대 포기하지 않고 끝까지 오게 만든다고 해서 사원들이 불도그라는 별명을 붙여주었다고 했다.

"저는 전 한 번 만나서 '괜찮은 사람'이라는 생각이 들면 끝까지 물고 늘어집니다. 1년이든, 2년이든, 10년이든 갈 데까지 갑니다." 불도그 별명이 붙은 매니저답게 당차고 물러서지 않는 기운을 받았다.

그가 가방에서 수첩을 하나 꺼내 보여주었다. 리크루팅 대상자 관리 수첩이었다. 수첩에는 지금 그가 추진하는 리크루팅 대상자들의 이름이 빼곡히 적혀 있었다. 이름 옆에 그 사람을 처음 접촉한 날짜가 적혀 있었다. 접촉한 지 3년 된 사람도 있었고, 10년이 넘은 사람도 있었다. 10년이 넘은 사람도 포기하지 않고 지금까지 리크루팅을 위해서 접촉하고 있다고 했다.

끝까지 물고 늘어졌다

"제 팀원 중에 목동에서 사는 사람이 있어요. 지금은 가장 핵심 사원입니다. 제 오른팔 역할을 하는 사원이기도 하고요." 그 매니저가 자랑스럽게 그 사원을 리크루팅한 사례를 소개했다.

30대 중반인 그를 소개받고 집으로 직접 찾아가서 만났다. 직접 보니 생각이 긍정적이고 성격이 활달해서 우리 쪽에 오면 잘하겠다 싶은 생각이 들었다. 그러나 걸림돌이 있었다. 회사에서 과장 직급으로 잘나가는 사람이라 우리 쪽에는 관심이 없다는 것이었다.

다음 날 저녁 다시 찾아갔더니 펄쩍펄쩍 뛰었다. 두 번 다시 오지 말라고 하면서. 어떻게 할지 궁리한 끝에 무식한 방법을 택하기로 했다. 매일 아침 그를 찾아가 자신의 차로 출근시켜주기로 했다.

다음 날 아침 그의 출근 시간에 맞춰 차를 세웠다. 완강하게 거부하는 그를 설득하고 설득하여 차에 태웠다. 회사까지 가는 동안 이런 얘기 저런 얘기를 하는데, 우리 회사와 관련된 얘기는 한 마디도 안 했다. 그냥 개인적인 이야기만 하다가 회사 앞에서 차를 세우고는 '내일 다시 뵙겠습니다' 하고 내려주었다.

이렇게 하기를 3일째, 가만히 생각해보니 더 적극적인 방법이 필요하다는 생각이 들었다. 그냥 출근만 시켜줄 것이 아니라 차에서 내릴 때 선물을 하나씩 주면 어떨까. 그래서 오늘은 스타킹을 주고, 내일은 손수건을 주고, 다음에는 포스트잇을 주고…. 이렇게 하기를 24일째. '내일 다시 뵙겠습니다' 하면서 선물을 손에 쥐어주는데, 그가 차에서 내리지 않았다. 그러면서 "매니저님, 내일은 오지 마세요. 제가 갈게요" 했다. 다음 날 아침 그가 자기 발로 직접 찾아왔다.

Never, Give Up!

"그는 속으로 '그래 당신이 언제까지 이렇게 하나 두고 보자' 했겠죠. 그러다가 하루 이틀 시간이 가면서 마음속에서는 갈등이 있었을 거예요. 포기만 하지 않으면 반드시 우리 식구가 됩니다. 그러나 사람들은 한두 번 접촉하고 포기해버린다는 데 문제가 있습니다." 그가 힘주어 한 말이다.

실패란 이루지 못한 것이 아니라 이루기 전에 그만둔 것이라고 한다. 리크루팅에서 실패란 그가 오지 않는 것이 아니라 그가 오기 전에 내가 포기해버린 것이다. 성공한 사람과 실패한 사람의 다른 이름은 포기하지 않는 사람이냐, 포기한 사람이냐라고 한다. 리크루팅에서 성공하는 사람이냐 실패한 사람이냐는 포기하지 않느냐, 포기하느냐에 따라 달라진다.

Never give up. Never, never, never give up.(포기하지 마라. 절대로, 절대로, 절대로 포기하지 마라.) 윈스턴 처칠이 한 말이다. 포기한 순간 게임은 끝나버린다. 포기하는 순간 리크루팅은 끝나버린다는 사실을 잊지 마라.

리·크·루·팅 명장의
One Point Lesson

'불도그 정신'으로 활동하기

1. 찾아가서 대상자를 만나보라.
2. 괜찮은 사람이다 싶으면 끝까지 물고 늘어져라.
3. 1년이 걸리든, 10년이 걸리든 포기하지 마라.
4. 포기하는 순간 리크루팅은 끝이다.
5. 내가 포기하는 것이 아니라 상대방이 포기해야 한다.

한 번의 만남으로 만리장성을 쌓아라

골프에서 배워라

"골프하는 사람들은 '골 때리러 간다'고 합니다. 운동하러 가는 것을 우스갯소리로 하는 말이죠. 골프하는 사람들이 쓰는 말 중에 리크루팅과 관련된 말이 몇 개 있는데 한번 들어 보실래요?" 한 매니저가 리크루팅 대상자를 배양하기 위해서는 골프 게임에서 배워야 한다면서 한 말이다.

골프를 즐기는 사람들이 이용하는 말 중에 '골맹'이라는 것이 있다. 골프를 할 줄 모르는 사람을 일컫는 말이다. 골프를 할 줄 모르니 인맥관리도 할 줄 모른다는 의미에서 하는 말이다.

'골연'이라는 말이 있다. 골프로 맺은 인연을 말한다. 골프로 맺은 인연은 쉽게 친해지고 돈독한 관계로 발전한다는 것이다. '골맥'이라는 말도 있다. 골프로 맺은 든든한 인맥을 말한다. 골프로 맺은 인연은 서로 든든한 지원자가 되는 좋은 인맥이라는 것이다.

리크루팅은 사람과 인연을 만들어가는 일이다. 사람과 사람이 네트워크를 형성하는 일이다. 사람과의 인연, 관계를 어떻게 효과적으로 만들어갈 수 있을까? 그 해법이 골프에 있다.

'골연'의 비법을 익혀라

"'골연'이란 골프로 맺은 인연이라고 합니다. 골프를 하는 목적은 한마디로 '만남과 소통'에 있다고 할 것입니다." 그 매니저가 리크루팅 대상자를 만날 때 골프 게임과 같이 해야 한다며 한 말이다.

골프 게임에서 얻을 수 있는 가장 큰 효과는 '한 번 만남으로 만리장성을 쌓는다'는 것이다. 한 번 만남으로 사람을 쉽게 얻는다는 말이다. 술 먹는 자리, 식사하는 자리보다 골프로 만난 자리가 왜 더 빨리 친해지는 것일까? 골프와 리크루팅은 어떤 연관성이 있을까? 그 이유를 다음과 같이 7가지로 정리할 수 있다.

첫째, 넥타이를 풀고 만난다. 골프는 격식을 파괴하고 만나는 운동이다. 격식을 파괴하고 만나면 경계심이 줄어든다. 리크루팅 대상자를 만날 때는 업무적인 만남이 되어서는 안 된다. 업무를 떠난 인간적인 만남이어야 한다.

둘째, 자연에서 만난다. 탁 트인 자연에서 만나면 마음이 넓어지고 관대해진다. 리크루팅 대상자를 만날 때는 장소를 어느 곳으로 할지 고민해야 한다.

치열하게 싸우는 삶의 현장보다는 마음의 여유를 가질 장소를 선택하는 것이 좋다.

셋째, 코스가 다양하다. 골프 게임은 18홀로 이어져 있다. 짧은 홀도 있고 긴 홀도 있다. 18홀을 마쳐야 게임이 끝난다. 리크루팅 대상자를 만날 때도 짧은 만남, 긴 만남을 가져야 한다. 한두 번 만남이 아니라 지속적인 만남이어야 한다.

넷째, 실수하고 망가지는 모습을 보여준다. 뒤 땅 때리고, 벙커에서 허우적거리는 것을 보여주면서 더 친해진다. 인간은 실수를 공유할 때 더 친해지는 심리가 있다. 리크루팅 대상자를 만날 때는 완벽한 모습만 보여주려 하면 안 된다. 어수룩한 모습도 있는 그대로 보여주는 것이 빨리 친해지는 방법이다.

다섯째, 격려하면서 최면에 빠진다. 게임을 하면서 '굿샷' '나이스' '낫배드' 등을 외치면서 서로 격려한다. 리크루팅 대상자를 만날 때 격려하는 말을 많이 해야 한다. 칭찬에 인색하지 말라는 말이다. 칭찬하고 또 칭찬하는 가운데 긍정적인 공감대가 형성된다.

여섯째, 홀딱 벗고 만난다. 라운딩이 끝나고 사우나에서도 만남은 계속된다. 속살까지 내놓고 만나는 것이다. 리크루팅 대상자와 만날 때는 홀딱 벗고 만나는 것이 중요하다. 장점만 보여주려고 하지 마라. 단점까지도 숨김없이 보여줘라. 있는 그대로 보여줄 때 믿음을 갖게 되는 것이다.

일곱째, 함께 마시고 함께 먹는다. 골프의 3락(樂) 중 하나가 라운딩 후에 마시는 시원한 맥주라고 한다. 식사도 같이하고 술도 같이 마시는 동안 친해진다. 리크루팅 대상자와 만날 때 기쁠 때도 슬플 때도 같이하는 것이 중요하다. 기쁨은 나눌수록 커지고 슬픔은 나눌수록 가벼워진다고 하지 않는가.

골프와 리크루팅의 공통점은 사람을 얻는 일이라는 것이다. 골프와 리크루팅의 행동 방법은 '만남과 소통'이다. 사람을 얻기 위해서 어떻게 만나고 어떻게 소통해야 할지 고민하고 연구해야 한다. 한 번 만남으로 만리장성을 쌓는 방법을 익혀야 한다.

리·크·루·팅 명장의
One Point Lesson

골프에서 배우는 리크루팅 대상자 배양 방법

1. 목적을 떠나서 만나라.
2. 한두 번 만나는 것이 아니라 지속적으로 만나라.
3. 만날 때마다 격려하고 또 격려하라.
4. 기쁠 때도 슬플 때도 함께하라.
5. 단점까지도 숨김없이 보여줘라.

T형으로 소통하라

지금은 T·G·I·F 시대

현 시대를 T·G·I·F 시대라고 한다. 트위터(Twitter), 구글(Google), 아이폰(I phone), 페이스북(Facebook)의 앞 글자를 따서 T·G·I·F시대라고 한다. 또 소통의 시대, 가로본능의 시대라고도 한다. 인맥을 관리할 때 소통이 가장 중시되고, 수직적인 방법이 아니라 수평적인 방법으로 소통하는 가로본능 시대라는 것이다.

가로본능으로 소통하는 방법의 대표적인 것이 트위터와 페이스북이라 할 수 있다. 트위터는 익명의 사람들과 소통하는 정보 지향적인 소통 도구이다. 모르는 사람들이 서로 정보를 주고받으며 관계를 만들어간다. 페이스북은 알고 있는 사람과의 소통을 이어주는 관계지향적인 소통 도구이다. 가족, 친구, 지인 등 알고 지내는 사람들과 쉽고 빠르게 소통할 수 있다.

"리크루팅도 시대 흐름에 따른 소통 방법을 찾아야 합니다. 제 경험으로 보면 트위터도 좋은데 리크루팅에는 페이스북이 더 좋은 것 같아요." 페이스북으로 리크루팅 대상자를 찾고 또 인맥을 관리한다는 한 매니저를 만났다.

고객과의 소통뿐만 아니라 리크루팅 대상자를 발견하고 친분을 맺어 가는 데 페이스북을 유용하게 활용하고 있다고 했다. 페이스북이 좋은 점은 내가 인맥을 만들고 싶은 사람에게 쉽게 접근할 수 있다는 것이다. 특히 학연, 혈연, 지연의 인맥을 찾아내고 그들과 수시로 소통하면서 긴밀한 관계를 만들어갈 수 있다.

T형으로 소통하라

"지금은 인맥을 관리할 때 T형으로 소통해야 합니다. 하나는 기존의 전통적인 소통 방법인 수직적인 방법입니다. 다른 하나는 스마트 시대에 맞춘 수평적인 방법입니다." 이 매니저가 스마트 시대의 인맥관리 방법이라고 하면서 T형 소통 방법을 소개했다.

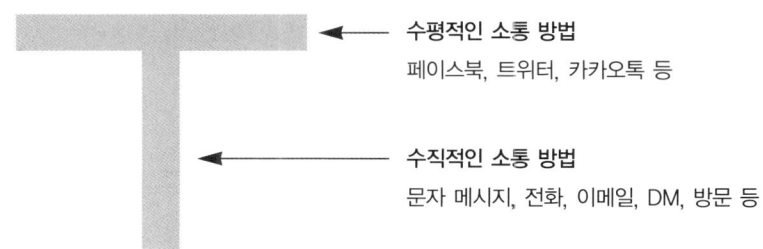

먼저 ㅣ는 수직적인 소통 방법이다. 지금까지 전통적으로 활용했던 전화, 문자 메시지, 편지, DM, 방문 등으로 소통하는 방법이다. 이는 일방적인 소통 방법이다. 상대방의 동의나 상황과는 상관없이 내가 일방적으로 소통하기를 원하는 방법이다. 짝사랑이라고나 할까?

ㅡ는 수평적인 소통 방법이다. 인터넷 시대, 스마트 시대의 소통 방법인 페이스북, 트위터, 스마트폰 등으로 소통하는 방법이다. 상호작용을 하는 쌍방향 소통 방법이다.

아날로그에서 디지털 시대로 변했을 때는 신속하고 편리한 디지털 기기를 활용해서 아날로그의 따뜻한 정을 담아 인맥을 관리했다. 지금의 스마트 시대에서는 스마트 기기를 활용한 수평적 방법뿐만 아니라 수직적 방법을 융합한 방법으로 인맥을 관리해야 한다

SNS를 활용하라

"페이스북의 좋은 점은 잃었던 인맥을 찾을 수 있다는 겁니다. 학교 친구, 직장 친구, 사회 친구 또는 친구의 친구 등을 찾을 수 있죠. 그리고 그들과 수시로 소통하면서 더 가까워질 수 있다는 겁니다."

그는 리크루팅 대상자들을 만나면 어떤 SNS 도구를 이용하는지 물어본다고 한다. 리크루팅 대상자가 페이스북을 한다고 하면 페이스북에서 친구 맺기를 한다. 그리고 정기적으로 소식을 올리고 상대방이 올린 글에도 댓글 달기, 공유하기 등을 통해서 친해진다. 그리고 기회를 만들어 찾아가면 친분관계가 급속도로 좋아진다는 것이다.

"저와 팀원들은 페이스북에 재미있는 사진도 올리고 좋은 글도 올리면서 우리가 살고 있는 모습을 보여줍니다." 세상 사는 이야기, 내가 보고 느낀 이야기, 재미있게 살고 있는 모습 등을 올려서 친구들과 소통하고 있다면서 이 매니저가 한 말이다.

시대가 바뀌었으면 소통 방법도 바뀌어야 한다. 시대 변화에 따라 리크루팅 방법도 변해야 한다. 그 좋은 예가 페이스북이다. 페이스북은 리크루팅 자원을 찾아내고 그들과 정기적으로 소통하여 친분관계를 만들어가는 활동을 하다가 마지막에는 직접 찾아가 만나는 과정으로 연결되는 유용한 리크루팅 방법의 하나이다.

리·크·루·팅 명장의
One Point Lesson

T형으로 소통하기

1. 수평으로 소통하는 방법 : 페이스북, 트위터, 카카오톡 등
2. 수직으로 소통하는 방법 : 문자 메시지, 전화, 이메일, DM, 방문 등
3. 두 방법을 융합하여 소통하라.

'마중물 메시지'를 활용하라

'3성실' 해야 한다

"리크루팅 대상자와 친해지려면 접촉 방법을 다양하게 해야 합니다. 특히 3가지 방법으로 부지런히 찾아가야 합니다. 이를 3성실론이라고 합니다. 손성실, 입성실, 발성실이 그것입니다."

한 매니저가 리크루팅 대상자 배양활동을 설명하면서 한 말이다. 그의 조직은 본부에서 영업 실적이 가장 좋다. 팀원들이 모두 영업 활동에서 3성실론을 실천한 결과이다. 영업도, 리크루팅도 좋은 결과를 얻으려면 3성실론 실천이 중요하다고 그는 강조했다.

손으로 부지런히 공략 대상자를 찾아가야 한다. 문자 메시지, 이메일, DM

등으로 공략 대상자를 찾아가는 것이 손으로 찾아가는 방법이다. 입으로 부지런히 대상자를 찾아가야 한다. 전화를 정기적으로 하는 것이 입성실이다. 대상자를 직접 찾아가 만나는 것이 발로 찾아가는 방법, 즉 발성실이다. 이 세 가지 중에서 효과가 가장 좋은 방법이 무엇일까? 당연히 발로 직접 찾아가는 발성실 방법이다.

"발로 찾아가는 방법이 제일 좋습니다. 그다음이 입성실, 즉 전화하는 것이죠. 그리고 효과가 가장 약한 방법이 손으로 찾아가는 방법인 것 같아요." 발로 찾아가는 것이 효과가 가장 좋은데 이 방법이 효과를 나타나게 하려면 손성실, 입성실 하는 방법이 우선되어야 한다는 것이었다. 발로 찾아가기 전에 공략 대상자의 마음을 열게 하는 것이 있어야 하는데 그는 이것을 '마중물 메시지'라고 했다.

'마중물 메시지'를 활용하라

전에는 시골집 마당에 물을 퍼올리는 '펌프'라는 것이 있었다.

물을 쾈쾈 품어 올리는 펌프질을 10분 이상 멈추면 펌프에 고였던 물이 '삐익~' 하면서 밑으로 빠져나가 버린다. 다시 물을 품어 올리려면 물 한 바가지를 펌프에 붓고 펌프질을 해야 하는데, 이를 '마중물'이라고 한다. 한 바가지 물이 밑으로 빠진 물을 마중 나가서 끌고 오는 것이다.

"리크루팅 대상자를 배양할 때는 리크루팅 대상자의 마음을 끌고 오게 하는 것이 필요합니다. 닫힌 마음을 열게 하고 또 따뜻한 마음이 되게 하는 것이 필요한데 이것이 '마중물 메시지'입니다." 마중물 메시지를 설명하면서 한 말이다.

  그는 신인이 들어오면 제일 먼저 마중물 메시지를 활용하는 방법을 가르친 다고 했다. 고객을 만나러 나가기 전에 그의 마음을 열 마중물 메시지 활용법을 습관화한다. 이것이 그의 팀이 영업을 잘하는 비결이라고 했다.

  누구나 알면서도 가장 흔하게 범하는 실수가 있다. 발로만 찾아가는 데 주력한다는 것이다. 발로 찾아가기 전에 대상자의 마음을 열 방법으로 손으로 찾아가는 문자 메시지, DM 등을 보내고, 입으로 찾아가는 전화하는 방법 등을 실천해야 한다는 것을 알면서도 소홀히 한다는 것이다. 그리고 목적이 있을 때 무조건 발로 찾아간다는 것이다. 그는 여기에 문제가 있다고 했다.

먼저 친해져라

리크루팅 대상자를 만났을 때 그의 마음을 열고 허심탄회하게 말할 수 있게 하려면 손성실, 입성실의 방법이 우선되어야 한다. 문자 메시지, 이메일, DM 등 손으로 찾아가는 방법과 전화를 활용한 입으로 찾아가는 방법으로 정기적으로 관리하는 것이 필요하다. 이것이 마중물 메시지의 역할이다.

  "스마트 시대는 소통의 시대입니다. 다양한 방법으로 소통하고 있잖아요? 발로 찾아가기에 앞서 소통이 먼저 이루어져야 합니다." 그가 마중물 메시지 활용을 강조하면서 하는 말이다.

  그는 손성실, 입성실, 발성실로 매일 15명을 접촉한다. 매니저의 오전 시간은 정신없이 지나간다. 팀원들 면담하랴, 활동 방법 지도하랴, 리크루팅 대상자 챙기랴. 정말 오전 시간이 어떻게 지나가는지 모를 정도로 바쁘다.

이렇게 바쁜 와중에도 그는 매일 리크루팅 대상자를 15명씩 접촉한다. 먼저 손으로 5명을 접촉한다. 문자 메시지로 5명에게 안부 메시지를 보낸다. 문자 메시지가 리크루팅 대상자를 찾아가는 것이다. 그다음이 이메일로 리크루팅 대상자 5명에게 자료를 보낸다. 그러고 나서 리크루팅 대상자 3명에게 안부 전화를 한다. 마지막이 직접 찾아가서 만나는 눈도장 찍기 2명이다. 이렇게 매일 3성실론을 실천한 게 영업도 리크루팅도 잘하는 비결이라고 했다.

리·크·루·팅 명장의
One Point Lesson

'마중물 메시지' 활용하기

1. 발로 찾아가기에 앞서 먼저 해야 하는 것이 있다.
2. 손으로, 입으로 먼저 찾아가는 것이다.
3. 손성실(문자, DM, 이메일)을 먼저 하라.
4. 입성실(전화)로 마음을 열게 하라.

문자 메시지, 이렇게 활용하라

스팸이 되지 않게 하라

"하루에 휴대전화로 문자 메시지를 몇 통이나 받으세요? 주로 어떤 메시지가 옵니까?" 자칭 문자 메시지 활용의 달인이라고 하는 매니저를 만났더니 대뜸 이렇게 물었다. 그는 30대 직장인을 중심으로 18명의 조직을 만든 매니저다. 그는 리크루팅 대상자 배양에 문자 메시지를 활용하여 좋은 결과를 얻고 있다고 했다.

반갑지 않은 것들이 있다. 오지 않았으면 하는 것들이 있다. 카드 이용 대금 청구서, 중국에서 날아오는 황사, 출퇴근길의 교통체증, 여름철 식중독 등에 한 가지가 더 있다. 날마다 날아오는 휴대전화 문자 메시지는 이제 짜증까지 난다.

언젠가 라디오에서 올해의 인물로 선정된 사람 중에 '김미영 팀장'이라는 사람이 있다고 했다. '안녕하세요? 김미영 팀장입니다. 고객님께서는 최저이율로 최고 3,000만 원까지 대출 가능합니다.' 날마다 친절하게 문자 메시지를 보내주는 사람이었다. 하루에 10만~20만 명에게 불법 대출 안내 스팸 문자를 보냈는데, 범인을 잡고 보니 남자였다고 한다.

대리운전, 대출, 세일, 비아그라, 오빠 등 수도 없이 날아드는 스팸 메시지. "이런 문자 메시지 받으면 기분이 어떻습니까?" 그가 물었다. 스팸 문자 메시지를 받으면 어떻게 하는가? 받자마자 삭제 버튼을 누른다. 불쾌하기까지 하다. 이제는 지긋지긋하다.

이름만 기억하게 하라

"왜 스팸 메시지가 됩니까? 목적을 가지고 보내기 때문입니다. 문자 메시지에는 목적을 넣으면 안 돼요." 그가 리크루팅 활동에서 문자 메시지를 활용하는 방법을 설명하면서 한 말이다.

생각해보라. 문자 메시지를 보낸다고 해서 리크루팅이 되는 것은 아니다. 문자 메시지를 보낸다고 해서 그 사람이 답장을 보내는 것도 아니다. 그러면 문자 메시지를 왜 보내는가? 목적은 딱 하나, 상대방에게 내 이름을 기억하게 하려는 것이다. 그게 전부다. 그 밖에 다른 것을 기대해서는 안 된다고 그는 강조했다.

"문자 메시지를 보낼 때 착각하는 것이 하나 있습니다. 문자를 보내는 사람을 알리기 위해서 회사명과 함께 자기 이름을 넣어서 보내는데 회사명을 넣으면 안 됩니다." 그가 스팸 메시지가 되지 않게 하는 방법을 설명하면서 한 말이다. 회사명을 넣는 순간 스팸으로 변하고 만다는 것이다. 회사명을 넣으면 업무적인 메시지가 되기 때문이다.

그러면 어떻게 해야 하는가? 보내는 사람을 알리려면 회사명은 빼고 자기 이름 석 자만 써서 보내라는 것이다. 이것이 개인적인 메시지가 되게 하는 방법이라고 했다.

폴더를 만들어라

"업무를 떠나서 문자 메시지를 보내야 해요. 문자 메시지에 정을 담아 보내야 합니다. 내가 보낸 문자를 좋아하게 만들어야 해요." 이렇게 설명하면서 그가 자신이 사용하는 문자 메시지 문구를 몇 개 보여주었다.

그는 컴퓨터에 '문자 메시지 문구'라는 폴더를 만들어놓았다. 폴더에는 리크루팅 대상자에게 보내면 좋은 문자 메시지 문구가 월별, 주간별로 정리되어 있었다. 그중 몇 가지를 소개하면 이렇다.

'방금 통장으로 행복을 송금했습니다. 울적할 때 인출해 쓰세요. 비번은 당신의 웃음….' 그가 보낸 문자 메시지 중에서 가장 좋은 반응을 얻은 메시지라고 했다. 이 메시지를 받은 사람들이 답장 메시지를 보내기를 '감사합니다. 그런데 비번인 웃음을 잃어버렸어요. 어떻게 해요?'였다고 한다.

'인생은 세상 곳곳에 숨겨진 보석을 찾는 여행입니다. 오늘도 보석을 찾으시기 바랍니다.' 삶에 대해 다시 한 번 생각하게 하는 메시지이다. 하나만 더

보자. '400통의 문자를 보냈는데 용량 부족으로 네 글자만 전달되었습니다. 〈감기 조심〉.' 재치 있고 위트가 넘치는 메시지이다. 더불어 따뜻한 마음을 읽을 수 있는 메시지이다.

"주변에 이런 문자 메시지들이 많이 떠돌아다녀요. 전 그것들을 보면 컴퓨터 폴더에 저장해놓았다가 필요할 때 사용합니다. 제 문자 메시지를 기다리는 사람들도 있어요." 그가 마지막으로 한 말이다.

'가랑비에 옷 젖는 줄 모른다'는 속담이 있다. 오는 듯 마는 듯 하는 가랑비도 계속 맞으면 자기도 모르게 속옷까지 젖게 된다는 말이다. 따뜻한 마음을 담은 문자 메시지를 정기적으로 보내면 리크루팅 대상자의 마음이 어느새 열리고 인간적으로 친해진다는 사실을 잊지 마라.

리·크·루·팅 명장의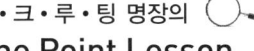
One Point Lesson

문자 메시지 활용 방법

1. 문자 메시지에 목적을 넣지 마라.
2. 회사 이름도 넣지 마라.
3. 이름 석 자 알리는 데 주력하라.
4. 따뜻한 마음을 담은 문자 메시지를 보내라.
5. 컴퓨터에 폴더를 만들어 활용할 문자를 저장해놓아라.

'땡큐 카드'를 활용하라

마음을 눈으로 보게 하라

"6개월 동안 신인을 6명 도입했습니다. 매월 1명꼴로 리크루팅한 셈입니다. 저의 리크루팅 방법에는 특별한 것이 없습니다. 여러분이 하는 리크루팅하는 방법이나 제가 하는 방법이나 다른 것이 없습니다. 단지 다른 것이 하나 있다면 저는 매일 땡큐(Thank you) 카드를 보내고 있다는 것입니다." 한 매니저가 교육장에서 선배 경험담 시간에 들려준 말이다.

그는 매일 땡큐 카드를 보낸다. 리크루팅 대상자뿐만 아니라 고객이나 주변 사람들에게 매일 땡큐 카드를 두 장씩 보내는데, 이 카드 덕분에 리크루팅이 잘 풀리는 것 같다고 했다. 그 매니저는 이어서 "제가 항상 고민하고 연구하는 것은 어떻게 하면 다른 사람들이 제 마음을 볼 수 있게 할까 하는 것입니다"라고 했다.

'내가 당신을 이렇게 생각하고 있습니다' 하는 마음을 어떻게 보여줄까 고민하던 끝에 찾아낸 방법이 땡큐 카드 활용이었다. 감사하는 마음을 글로 읽게 해보자.

그래서 하루에 카드를 두 장씩 보내기 시작했는데 시간이 지나자 효과가 나타나기 시작했다는 것이다. 감사하는 마음을 전하는 땡큐 카드를 하루에 두 명에게 보내면 이 카드를 받은 두 사람이 나에 대해 좋은 이미지를 갖게 된다. 일주일이면 10명, 한 달이면 40명, 6개월이면 240명을 내 편으로 만드는 효과를 나타낸 것이다.

'땡큐 카드'를 활용하라

"인터넷에 카드 전문 사이트가 있잖아요. 저는 인터넷의 카드 전문 사이트에서 한 달 쓸 카드를 주문해서 사용합니다. 카드를 주문할 때 한 가지 잊지 말아야 할 것이 있습니다. 내지가 없는 카드를 보내달라고 하는 것입니다. 내지가 있는 카드나 내지가 없는 카드나 가격은 똑같습니다." 그 매니저가 땡큐 카드를 사용하는 방법을 설명하면서 한 말이다.

왜 내지가 없는 카드를 보내달라고 주문했을까? 카드에 내지가 있으면 손으로 글을 적어서 보내야 한다. 글씨체가 예쁘면 문제가 없는데 그는 남들에게 보여주기 민망한 악필이라고 했다. 그래서 너지 없는 카드에 컴퓨터로 예쁘게 작성한 문구를 인쇄해서 붙여 사용한다고 했다. 컴퓨터에 폴더를 만들어 카드 내지에 사용할 문구를 모아두었다가 상황에 맞는 문구를 골라 인쇄해서 카드 크기에 맞게 자른 뒤 반으로 접는다. 반으로 접은 뒷부분에 풀칠을 해서 붙이면 자기만의 카드가 된다는 것이다.

"어제 만난 사람이 있으면 오늘 반드시 '어제 귀한 시간 내주셔서 감사합니다' 하는 내용으로 땡큐 카드를 보냅니다. 생일을 맞은 사람이나 축하할 일이 있는 사람에게는 '함께할 수 있어 감사합니다' 하는 내용을 담은 카드를 보냅니다."

이렇게 땡큐 카드를 보내면 리크루팅 대상자의 마음이 쉽게 열리게 되고 짧은 시간에 친해지게 된다고 했다.

말보다 글이 강하다

"리크루팅의 최종 목표는 사람을 내 편으로 만드는 것이죠. 사람을 내 편으로 만들려면 먼저 상대방이 나에 대해 좋은 이미지를 갖게 만들어야 합니다. 그 역할을 하는 것이 제가 사용하는 땡큐 카드입니다."

예부터 '펜은 칼보다 강하다'라고 했다. 칼은 한 사람밖에 죽이지 못하지만 펜은 수많은 사람을 바꿔놓을 수 있기 때문이다. 사람의 마음을 움직일 때 무력으로 협박하는 것보다는 부드러운 글로 보여주는 것이 더 강한 힘을 발휘한다.

또 '말보다 글이 효과적'이라고 했다. 백 마디 말보다 한 마디 글로 보여주는 것이 더 큰 믿음을 주기 때문이다. 백 마디 떠드는 것보다 한 마디 글로 마음을 읽게 하는 것이 상대방의 마음을 훔치는 데 더 효과적이다.

사람을 내 편으로 만들어라. 공략 대상자의 마음을 훔쳐라. 이것이 리크루팅 활동의 핵심 포인트이다. 우리의 시간과 노력과 열정이 '어떻게 상대방의 마음을 훔칠 것인가?'에 집중되어야 한다.

땡큐 카드를 활용해보라. 날마다 감사하는 마음을 상대방에게 전달해보라. 상대방의 마음이 빠른 속도로 열리게 됨을 체험할 것이다.

리·크·루·팅 명장의
One Point Lesson

'땡큐 카드' 활용 방법

1. 하루에 2장씩 땡큐 카드를 보내라.
2. 내 마음을 보여주는 방법이다.
3. 상대방에게 감사의 마음을 전하라.
4. 하루에 2명씩만 내 편으로 만들어라.
5. 6개월이면 240명을 내 편으로 만들 수 있다.

작은 선물을 자주 하라

선물을 싫어하는 사람은 없다

"공짜라면 양잿물도 마신다고 하잖아요. 누구나 공짜 선물 받는 것을 좋아합니다. 선물을 싫다고 하는 사람은 없어요. 저는 비싼 선물은 안 합니다. 몇 천 원짜리 선물을 주로 하는데, 받는 사람들은 다들 좋아해요." 톡톡 튀는 선물을 활용해서 리크루팅에 좋은 결과를 얻고 있다는 매니저가 한 말이다.

그는 리크루팅 대상자를 배양하는 방법으로 작은 선물을 자주 사용한다고 했다. 그가 리크루팅에 선물을 활용하게 된 데는 동기가 있다.

"몇 년 전 연도상 수상자들이 하와이를 여행할 때입니다. 한 매니저가 기념품을 잔뜩 사는 거예요" 그가 리크루팅 대상자에게 선물을 활용하게 된 동기를 설명하면서 꺼낸 말이다. 선물을 왜 그렇게 많이 사느냐고 했더니, 리크루팅 대상자에게 줄 거라고 했다. 그때 가슴에 화살이 꽂히듯 충격을 받았다. 프로들은 어디를 가더라도 리크루팅을 잊지 않는 것을 보고 많이 배웠다는 것이다.

"리크루팅 대상자를 찾아가는 방법 중 하나가 선물을 주는 것입니다. 찾아가는 구실을 만드는 것이지요." 그가 작은 선물을 사용하는 목적을 설명하는 말이 이랬다. 리크루팅 대상자와 친해지려면 자주 찾아가야 하는데, 찾아가는 구실을 만들라는 것이다. 그 매개체가 선물이라고 했다.

선물에 마음을 담아라

"선물을 주어서 신인으로 들어온 사람 많죠. 그중에서 특히 기억에 남는 사람이 있어요. 그 사람 고향이 원주예요." 그가 선물을 활용해서 효과를 본 사람을 소개해달라고 했더니 이렇게 말을 시작했다.

한 달 마감을 하고 팀원들과 함께 원주로 단합대회를 갔다. 지역마다 유명한 향토 음식이 있다. 그것이 원주는 감자떡이라는 것을 알았다. 유명한 식당에서 감자떡을 맛있게 먹었다. 돌아오는 길에 감자떡을 포장해달라고 해서 사왔다. 그날 저녁에 원주가 고향인 그를 찾아가 감자떡을 전해주었다. 원주에 갔는데 생각이 나서 사왔노라고 하면서…. 이것이 계기가 되어 그와 친해졌고 결국 한 식구가 되었다는 것이다.

"저는 어디를 가든 리크루팅 대상자와 잘 어울리는 아이템이 있으면 사두었다가 선물합니다. 이것이 맞춤 선물이라는 것입니다." 그가 선물 요령을 설명하면서 한 말이다.

"스마트 시대의 특징은 사람들이 정(情)을 그리워한다는 것입니다. 디지털 제품이 편리하기는 하지만 따뜻한 마음은 담을 수 없기 때문일 것입니다." 그러면서 선물할 때는 따뜻한 정을 담아서 보내라고 했다. 이것이 디지털 시대의 선물하는 방법이요 가치 창조 선물 방법이라고 했다.

특별한 의미를 부여하라

"선물할 때는 아무리 작은 것이라도 특별한 의미를 부여하는 것이 중요합니다. 의미가 더해지면 싸구려로 느껴지지 않습니다."

허브 농장에 갔다가 작은 허브 화분을 잔뜩 사왔다. 허브 화분을 리본으로 포장한 뒤 카드를 한 장 넣었다. 카드에는 "로즈메리 : 머리를 맑게 해주고 기분을 상쾌하게 해주는 허브입니다. 삶의 향기가 달라집니다"라고 적었다.

그는 연말연초 잼 세트(딸기잼, 포도잼 등)를 선물하면서 '올 한 해 달콤하게 보내세요'라는 메시지를 남긴다. 또 행운목을 선물할 때는 "행운을 잡으세요"라고 적은 카드와 함께 전달한다.

리크루팅 대상자에게 선물할 때는 물건만 선물하면 안 된다고 강조했다. 스토리와 가치를 담아 선물하라고 했다. 받는 사람은 물건이 아니라 스토리를 더 좋아하는 것이라고 했다.

"가격은 비싸지 않더라도 태생이라든가, 출생의 비밀이라든가, 만들어진 역사 같은 스토리가 있다면 그 상품은 싸구려가 아닙니다."

비싼 물건을 선물한다고 해서 감동하는 것이 아니다. 값이 싼 물건이라 해서 상대방을 소홀히 생각하는 것은 아니다. 문제는 물건에 담긴 마음이다. 선물을 의미하는 영어 단어는 'present'이다. 이 단어에는 '나타내다.' '전달하다' 라는 뜻이 있다.

    선물은 상대방을 생각하는 마음을 나타내고 마음을 전달하는 것이다. 리크루팅 대상자에게 선물(present)을 제대로 전달(present)하려면 어떻게 해야 할까?

리·크·루·팅 명장의
One Point Lesson

리크루팅 선물 활용 요령

1. 취향과 스타일을 기억하라.
   평소 그 사람과 잘 어울리는 아이템을 발견하면 사두었다가 선물하라.
2. 선물에 특별한 의미를 부여하라.
   선물에 출생의 비밀, 만들어진 역사 같은 스토리를 적은 카드를 함께 전달하라.

이벤트를 만들어라

마당발로부터 배웠다

"마당발이라고 하는 사람이 있어요. 마당발이란 인맥이 넓은 사람들이잖아요. 언젠가 잡지에서 로비스트 세계에 대한 기사를 읽은 적이 있어요. 대표적인 마당발인 사람이죠. 로비스트가 인맥을 관리하는 방법에서 제가 지금 실시하고 있는 리크루팅 아이디어를 하나 얻었습니다." 매월 이벤트를 만들어 리크루팅에 접목하고 있는 한 매니저를 만났더니 그가 이야기를 시작하면서 이렇게 말했다.

그가 읽었다는 기사를 정리하면 대충 이렇다. 로비스트는 인맥관리에서 탁월한 네트워커이다. 정보에 밝고, 설득력 있고, 자신만만한 태도를 보여주는 사람이다. 그들은 어떤 식으로 사람들을 자기편으로 만드는가? 로비스트들은 반대편 사람들과도 친해지기 위해 편안한 분위기에서 만날 수 있는 칵테일파티나 저녁 모임을 자주 주선한다.

지역 주민들을 설득해야 하는 일을 예로 들면 이렇다. 영향력이 강한 사람과 오랜 시간 전화로 설득하기도 하고 편지 같은 유인물을 만들어 전달하기도 한다. 지역 주민을 위한 이벤트를 만들기도 하고, 보수 없이 도움을 주기도 하고, 문제를 해결해줄 전문가를 소개하기도 한다.

"잡지를 읽다가 '지역 주민을 위한 이벤트를 마련해준다.' 이 대목에서 눈이 번쩍 뜨였습니다. 그렇다. 이것을 활용해보자 하는 생각을 하게 되었죠." 이렇게 말하면서 리크루팅에서 자신이 활용하는 이벤트를 소개했다.

이벤트를 만들어라

"저는 한 달에 한 번 이벤트를 실시합니다. 저희 팀원들과 함께하는 이벤트죠. 팀 단합도 도모하고 리크루팅 행사도 하는 일석이조의 행사입니다."

월초가 되면 전월 마감을 독려도 하고 리크루팅 대상자 관리도 하는 차원에서 이벤트를 실시한다. 경비도 적게 들면서 반응도 좋은 이벤트를 만들기 위해서 아이디어 찾기에 시간과 노력을 들인다고 했다. 그가 좋은 결과를 얻었다는 이벤트 몇 가지를 소개했다. 아니, 자랑이라고 표현하는 것이 옳을 것이다.

"여행 이벤트가 효과가 가장 좋았던 것 같아요. 서로 빨리 친해질 수 있는 기회도 되었고요." 그는 지인이 소유한 동해안의 별장을 빌려 팀원들과 리크루팅 대상자와 1박 2일 여행을 떠났다. 별장에서 파티도 하고 밤새 즐거운 시간을 보냈다. 다음 날 오전에는 강릉~삼척간 해안 관광 열차도 타고 유명한 맛집에 들러 맛있는 음식도 먹었다.

봄에는 진해 벚꽃 축제 이벤트, 여름에는 도자기 체험 이벤트, 가을에는 억새 축제 이벤트, 겨울에는 펜션 이벤트 등 계절에 따라 다양하게 아이디어와 함께 이벤트를 전개하고 있다.

"이벤트를 통해서 빨리 친해진다는 점이 가장 좋았던 것 같아요." 리크루팅 대상자와 빨리 친해질 수 있는 방법으로 이벤트만큼 좋은 것이 없다고 하면서 들려준 말이다.

초대장을 보내라

"이벤트 행사를 전개할 때 예쁘게 만든 초청장을 보냅니다. 직접 찾아가서 전달하는 것을 원칙으로 하지요. 사정이 허락되지 않으면 우편으로 보내기도 합니다."

말로 하는 것이 아니라 초청장을 직접 방문하여 전달했다. 정식으로 초청한다는 의미가 담겨 있기 때문이다. 공식적인 행사임을 알리는 의미도 있다고 했다. 이벤트 D-10일부터는 참석 여부를 매일 체크했다. 팀원들을 통해서 참석 여부를 확인하기도 하고, 전화로 참석 여부를 묻기도 하고, 직접 찾아가서 설득하기도 했다.

"리크루팅 대상자가 참석하지 않는다고 하는 경우도 많아요. 그렇더라도 상관없습니다. 제가 손해 보는 것은 없기 때문이죠. 이벤트를 빌미로 리크루팅 대상자를 여러 번 접촉할 수 있기 때문입니다." 그가 웃으면서 한 말이다.

이벤트의 목적이 리크루팅 대상자와 자주 접촉하기 위한 것이라고 했다. 행사를 알리면서 한 번 만나고, 참석 여부를 확인하면서 접촉하고, 설득하기 위해서 만나고 또 만난다. 이벤트에 참석한 리크루팅 대상자와는 빨리 친해질 수 있어서 좋다. 자주 만날 구실로 이벤트만큼 좋은 것이 없더라는 것이다.

리·크·루·팅 명장의
One Point Lesson

리크루팅 이벤트 활용하기

1. 함께할 수 있는 이벤트를 만들어라.
2. 이벤트 행사를 통해서 빨리 친해질 수 있다.
3. 초청장을 만들어 정식으로 초청하라.
4. 초청장을 전달하면서 접촉할 수 있다.
5. 참석 여부를 확인하면서 접촉할 수 있다.

지렛대를 활용하라

지렛대 이론을 활용하라

"초등학교 때인가요? 지렛대 원리를 배운 적이 있습니다. 무거운 물체를 작은 힘으로 움직이게 하는 원리입니다. 제 리크루팅 비결은 지렛대 원리라고 할 수 있습니다."

30명이 넘는 조직을 이끌고 있는 한 매니저가 한 말이다. 그는 자신이 리크루팅을 잘하는 비결은 지렛대 원리 활용 덕분이라고 했다. 사람이 움직일 수 없는 무거운 물체를 쉽게 움직일 수 있도록 하는 것이 지렛대이다. 무거운 물체 밑에 지렛대를 꽂고 고정된 지렛목을 이용해서 한쪽 끝에서 힘을 주면 무거운 물건도 쉽게 움직인다. 이것을 영어로는 레버리지(leverage) 효과라고 한다.

　레버리지 효과는 지렛대 원리를 경제에 접목한 것인데, 차입금으로 종자돈을 만들어 높은 수익을 올리는 것이 대표적인 예이다. 대출을 받아 집을 구입하는 것도 레버리지 효과라고 할 수 있다. 이때 대출이 지렛목 역할을 하는 것이다.

　"일을 할 때 지렛대를 이용하면 작은 힘으로도 무겁고 힘겨운 일을 쉽게 할 수 있잖아요. 리크루팅 활동에서도 지렛대를 이용하면 남들은 어렵다고 하는 리크루팅을 쉽게 풀어갈 수 있어요." 그 매니저는 지렛대 원리와 경제의 레버리지 효과 그리고 리크루팅의 지렛대 원리가 크게 다르지 않다고 했다.

회사 이벤트를 적극 활용하라

"우리 본부에서는 한 달에 한 번씩 리크루팅 후보자 초청 이벤트를 실시합니다. 저는 이것을 적극적으로 활용했어요." 이 매니저가 리크루팅에 접목하고 있다는 지렛대 원리를 설명하면서 한 말이다.

　회사마다 성격은 약간 다르지만 리크루팅 후보자를 초청하는 이벤트를 실시한다. 학습지 회사에서는 '어머니 교실'을 운영한다. 고객이기도 하면서 잠재 교사 후보자인 어머니들을 초청해서 자녀 교육 강좌도 실시하고 회사 내부 사정도 볼 수 있게 하는 것이 어머니 교실이다.

　화장품 회사에서는 '마사지 교실'을 운영한다. 고객이나 리크루팅 후보자를 초청해서 마사지를 해주면서 자연스럽게 상품도 알리고 친분관계도 맺어가고자 하는 접근 방법이다. 보험회사에서는 '성공 나눔 콘서트'를 운영한다.

부자 되는 방법 또는 재테크 교육 등으로 리크루팅 후보자와 자연스럽게 접촉하고자 하는 것이다.

리크루팅이 무거운 물체라고 해보자. 이것을 성공적으로 수행해야 한다. 이때 지렛목 역할을 하는 것이 회사에서 하는 리크루팅 후보자 초청 이벤트이다. 지렛목은 움직이지 않고 고정되어 있다. 회사에서 하는 초청 이벤트는 내가 마음대로 조정할 수 있는 것이 아니다. 움직일 수 없는 지렛목과 같다. 이것을 활용하면 리크루팅을 쉽게 풀어나갈 수 있다.

"저는 한 달 내내 리크루팅 이벤트에 초청할 사람을 찾는 데 모든 노력을 기울입니다. 초청 대상자를 골라 친분관계 쌓기에 주력하고 행사에 초청하는 일에 주력합니다." 그 매니저가 지렛목 역할을 하는 리크루팅 후보자 초청 이벤트를 활용하는 방법을 설명하면서 한 말이다.

월초에 초청 대상자를 한 장으로 정리해서 이 사람들을 중심으로 집중적으로 접촉한다. 전화도 하고 찾아가기도 하고 선물을 주기도 한다. 이번 달 행사 초청을 실패했을 경우 다음 달 또는 그다음 달을 내다보고 이 사람들을 집중적으로 관리한다.

와서 보면 달라진다

"제가 실시했던 방법은 아주 단순해요. 어떻게 하면 이 사람들이 자주 오게 할 것인가였죠." 리크루팅 대상자를 이벤트에 참석하게 하는 방법을 설명하면서 그가 한 말이다.

그가 거듭 고민한 것은 리크루팅 대상자를 어떻게 이벤트에 오게 할 것인가이다. 그가 찾아낸 방법이 '점심 한번 먹자'였다. 부담 없이 오게 하는 핑계를 찾기 위해 점심은 사무실 근처 식당에서 먹고 커피는 자연스럽게 사무실에서 마시는 작전으로 연결했다.

"제 경험으로 보면 세 번만 오면 100% 성공입니다. 한 번 와서 보고 가면 조금씩 달라집니다. 한 번 오고 두 번 오고 세 번만 오면 아무리 안 오겠다고 하던 사람도 오게 되더라고요."

그가 리크루팅 대상자 초청 이벤트를 활용하는 방법은 리크루팅 대상자를 이 행사에 세 번만 참석하게 하는 것이 목표라고 했다. 와서 보면 스스로 변하기 때문이다.

리·크·루·팅 명장의
One Point Lesson

리크루팅 후보자 초청 이벤트

1. 월초 참석 대상자를 리스트업 하라.
2. 이 사람들을 중심으로 집중적으로 공략하라.
3. 오게 하는 핑계를 만들어라.
4. 한 번으로 성공하리라 기대하지 마라.
5. 세 번만 오게 하면 반드시 성공한다.

4장

리크루팅 명장의
면담 기법

리크루팅 대상자와 상담할 때는 내가 말을 많이 하려고 하면 안 된다. 내가 말을 많이 하면 카타르시스는 나에게만 일어난다. 그러면 달라지는 것은 아무것도 없다. 내가 말을 많이 하기보다는 리크루팅 대상자로 하여금 말을 많이 하게 해야 한다. 그래야 리크루팅 대상자에게 카타르시스가 일어난다.

'통통통 작전'으로 성공했다

인간적으로 통해야 한다

"허준이 지은 《동의보감》에 '통즉불통(通卽不痛) 불통즉통(不通卽痛)'이라는 말이 나옵니다. '통하면 아프지 않고 통하지 않으면 아프게 된다'라는 뜻입니다." 광주에서 대형 조직을 이끌고 있는 매니저에게 리크루팅 잘하는 방법을 소개해달라고 했더니 그가 이 말로 이야기를 시작했다.

심장에서 피를 품어내면 이 피가 몸 구석구석까지 막힘없이 흘러야 한다. 그래야 몸에 아무 이상이 없게 된다. 그러나 심장에서 품어져 나온 피가 어느 한곳에서라도 막히면 그곳에 이상이 생긴다. 그곳에 병이 발생한다는 것이다.

"우리 몸에 피가 잘 통해야 문제가 없는 것처럼 리크루팅 대상자와의 관계는 막힘이 없어야 합니다. 그러기 위해서 저는 3가지가 통하게 하는 데 활동을 집중합니다. 그 3가지가 인통(人通), 심통(心通), 소통(疏通)입니다. 이 중에 어느 하나라도 통하지 않게 되면 리크루팅은 문제가 생깁니다. 이를 저는 '통통통(通通通) 전략'이라고 합니다."

그는 리크루팅 대상자를 만날 때 제일 중시하는 것이 인통(人通)이라고 했다. 인간적으로 통하는 만남이 중요하고, 만남이 순수해야 한다는 것이다. 목적이 개입된 만남이 아니라 목적이 없는 순수한 만남이어야 한다는 것이다. 초등학교 친구처럼 순수하고 깨끗한 만남이어야 한다는 것이다. 그에게 사람을 만나는 목적이 리크루팅인데 어찌 목적이 없이 만날 수 있느냐고 물었다.

"그게 저와 다른 사람의 차이점입니다. 물론 궁극적인 목적은 리크루팅이지요. 하지만 목적을 앞세워 만나면 만나자마자 거절과 부딪치게 되는 것입니다."

마음이 통해야 한다

"둘째는 마음이 통해야 합니다. 만나는 것이 반가워야 합니다. 서로 기다려지는 만남을 만들어야 합니다." 심통(心通)은 마음이 통하는 것이다.

가깝게 지내는 친구를 생각해보라. 친구와의 관계에서 가장 큰 특징은 무엇인가? '배려'하는 마음이다. 상대방을 먼저 생각하고 배려하는 마음으로 접근하면 마음이 열리고 서로 통한다. 이로써 상대방에게 도움을 주는 관계로 발전하게 된다.

"사람의 마음을 얻는 방법은 순수함이라고 생각해요. 대가를 바라지 않고 상대방에게 베푸는 순수한 마음을 상대방이 알게 될 때 그 사람이 내 편이 되는 것 같습니다." 그는 심통하기 위해서 어떻게 해야 하느냐는 질문에 이렇게 답했다.

그는 심통하기 위해서 아낌없이 주는 나무가 되라고 했다. 여러 가지 방법으로 자기 마음을 나눠주고 일주일에 한 번씩 상대방을 생각하는 마음을 담아 문자 메시지를 보낸다고 했다. 때때로 찾아가 작은 선물도 준다고 했다. 이때 가장 중요한 것은 챙겨주는 마음을 상대방이 읽게 하는 것이라고 했다.

말이 통해야 한다

"마지막으로 소통(疏通)해야 합니다. 말이 통해야 한다는 것입니다. 친구를 만나면 큰일 작은 일 할 것 없이 다 털어놓잖아요. 리크루팅 대상자가 나를 만났을 때 마음속에 있는 것들을 다 털어놓게 하는 것이 소통입니다. 이를 위해서 제가 앞에서 인통(人通), 심통(心通)을 강조한 것입니다."

리크루팅 대상자를 만났을 때 상대방이 마음속에 있는 것을 다 털어놓게 하려면 인통, 심통이 먼저 있어야 한다. 하지만 매니저들은 대부분 이 과정을 거치지 않기 때문에 리크루팅에서 성과를 거두지 못하는 것이라고 강조했다.

사람은 누구나 고민거리 한두 가지를 가지고 있다. 이 고민거리를 누구에게 말하는가? 가까운 사람이 아니면, 믿을 수 있는 사람이 아니면 말하지 않는다. 특히 이직 고민이나 일에 대한 고민은 가까운 사람이 아니면 털어놓지 않는다. 이러한 고민도 거리낌 없이 털어놓을 수 있어야 진정한 소통이다.

"똑같이 활동하는데 결과가 다른 것은 접근하는 순서가 다르기 때문입니다. 리크루팅에서 성공하려면 먼저 인통해야 합니다. 그리고 심통해야 합니다. 그래야 가장 중요한 소통이 풀리게 됩니다." 그가 마지막으로 강조한 말이다.

리·크·루·팅 명장의
One Point Lesson

인통(人通) : 인간적인 만남, 순수한 만남을 만들어라.
심통(心通) : 배려하는 따뜻한 마음을 보여줘라.
소통(疏通) : 마음속에 있는 것을 다 털어놓게 하라.

'겸따마다'를 보여줘라

'겸따마다'란?

"매니저로 성공하려면 반드시 갖추어야 할 덕목이 있습니다. '겸따마다'입니다. 이는 제가 한 말이 아닙니다. 저희 본부장님께서 하신 말씀입니다."

대구에서 한 매니저를 만났다. 팀원들에게서 대단한 인기를 얻고 있는 사람이었다. 팀원들과 함께 영차영차 하는 분위기로 영업도 잘하고 리크루팅도 잘하는 매니저이다. 팀원들에게 인기를 얻는 비결을 물었더니 '겸따마다'라고 했다.

'겸따마다'란 '겸손하고 따뜻한 마음으로 다가가라'는 말이다. 사람을 대할 때는 '겸따마다'로 접근해야 한다는 것이 그의 지론이라고 했다. 사람을 얻는 비결은 대단한 행동에서 나오는 것이 아니다. 큰 선물을 준다고 해서 내 편이 되는 것도 아니다. 사람은 작은 것에 감동한다. 상대방을 생각하는 작은 마음을 보여주었을 때 마음의 문을 열고 내 편이 되었다는 것이다.

"대단한 것을 하려고 하지 않았어요. 돈을 들여 화려한 선물이나 이벤트를 하지도 않았습니다. 그 대신에 한마디를 하더라도, 행동 하나를 하더라도 따뜻한 마음을 보여주려고 노력했을 뿐입니다." 그가 사람을 얻는 비결이라고 하면서 한 말이다. 그는 리크루팅 대상자를 만날 때 따뜻한 마음을 눈으로 볼 수 있게 해주어야 한다고 강조했다.

첫 만남에서 끌리게 하라

"리크루팅 대상자를 처음 만날 때가 가장 중요합니다. 첫 만남에서 설득하려고 덤비면 안 됩니다. 설득하려고 하면 말이 빨라집니다. 목소리 톤이 올라갑니다. 상대방의 말에 반론을 제기하게 됩니다. 다음이 급하기 때문이죠. 그러면 리크루팅은 실패합니다."

이렇게 말하면서 리크루팅을 하려면 첫 만남에서 끌리게 해야 한다고 했다. 첫 만남에서 '겸따마다'의 이미지로 호감을 얻어야 한다고 했다.

첫 만남에서 이미지 관리를 잘해야 한다. 리크루팅을 하느냐 못하느냐는 첫 만남에서 결정된다고 그는 주장한다. 첫 만남에서 리크루팅 대상자가 매니저에게 어떤 이미지를 갖느냐에 따라 만남이 계속 이어질지 아니면 한 번으로 끝날지가 결정된다는 것이다. 그런 이유에서 그는 첫 만남에서는 설득하려고 덤비지 말라고 강조한다.

설득하려고 덤비면 공격적이고 저돌적으로 밀어붙이는 이미지를 보여주게 된다. 마음에 여유가 없고 자기중심적인 사람이라는 이미지를 주게 된다. 그러면 다음 단계로 이어지지 않기 때문에 실패한다. 첫 만남에서는 '괜찮은 사람이다. 따뜻한 사람이다. 도움을 주는 사람 같다. 계속 만나도 괜찮을 것 같다'는 이미지가 들도록 해야 한다고 그는 말한다.

자랑은 접고 칭찬은 펼쳐라

"기분 도둑이라는 말이 있습니다. 기분을 언짢게 하거나 엉망으로 만드는 것을 말합니다. 리크루팅 대상자와의 만남이 기분 도둑이 되어서는 안 됩니다." 그가 강하게 주장하는 말이다.

리크루팅 대상자를 만났을 때 설득하려는 의도로 자기 자랑을 늘어놓는 매니저를 자주 본다. 이런 매니저가 기분 도둑이다. 처음 만남에서 주인공이 리크루팅 대상자가 아니라 매니저가 주인공이 되기 때문이다.

사원을 대하든 리크루팅 대상자를 대하든 내 편으로 만들려면 자랑은 접고 칭찬을 펼쳐야 한다. 내가 주인공이 되면 안 된다. 상대방이 주인공이 되게 만들어야 한다.

머리도 식힐 겸 인터넷에서 떠도는 골프 유머 하나를 보자. 골프에는 여러 종류의 샷이 있다. 드라이버 샷, 아이언 샷, 트러블 샷, 벙커 샷에서 '굿샷'까지 많고 많은 샷이 있다. 이 중에서 가장 좋은 샷은 무엇일까? 정답은 '다음 샷'이다. 골프에서 좋은 스코어를 내기 위해서는 '다음 샷'이 좋아야 한다는 것이다.

골프에서는 '다음 샷'이 중요하고 리크루팅에서는 '다음 만남'이 중요하다. 다음 만남을 위해서 첫 만남에서 좋은 이미지를 남겨야 한다. 중요한 것은 설득보다 호감을 사야 한다는 것이다.

따뜻한 말을 하라. 부드러운 표현을 사용하라. 솔직하고 겸손한 모습을 보여줘라. 그리고 약점을 드러내고 알몸으로 만나라. 단점까지도 숨김없이 보여주라는 말이다. 이것이 호감을 얻는 방법이다. 이것이 '겸따마다'로 접근하는 방법이다.

리·크·루·팅 명장의
One Point Lesson

'겸따마다' 실천하기

1. 겸손하고 따뜻한 마음을 보여줘라.
2. 설득하려고 덤비지 말고 호감부터 사라.
3. 자기 자랑은 접고 칭찬을 펼쳐라.
4. 상대방이 주인공이 되게 하라.
5. 따뜻한 말, 부드러운 말을 사용하라.

'News 기법'이 있다

능력을 인정해줘라

"저희 팀원 중에 여우 같은 사원이 있어요. 시어머니를 기막히게 이용한다고나 할까? 그 사람한테 배운 게 하나 있어요." 한 매니저가 리크루팅 대상자와 면담하는 기법을 소개하면서 꺼낸 말이다. 팀원이 시어머니와 관계를 만드는 것을 보고 리크루팅 면담 기법을 만들어냈다고 하면서 말이다.

38세 사원인데 김치를 담글 줄 모른다고 했다. 시어머니가 담가주기 때문이다. 김치를 담그거나 음식을 할 때 그녀는 시어머니에게 "어머니, 저는 아무리 해도 어머니처럼 맛이 안 나요?" 한단다. 그러면 시어머니가 알아서 김치를 담가준다는 것이다.

시어머니에게 용돈을 줄 때도 그냥 주지 않는다고 한다. 용돈에 부가가치를 만들어서 준다는 것이다. 예를 들면 "어머니, 이것은 '김치 연구비'예요"라면서 용돈을 드리면 시어머니가 무척 좋아한다는 것이다. 시어머니는 백김치, 총각김치, 물김치, 갓김치 등 갖가지 김치를 담가준다고 한다. 시어머니로서는 며느리가 자기 능력을 인정해주는 것이 기뻤을 것이고, 또 당연히 주는 용돈이라도 자기 존재를 인정해주는 용돈에 보람을 느꼈을 것이다.

'곰 같은 아내보다 여우 같은 아내가 낫다'는 말이 있다. 곰같이 무뚝뚝하고 미련한 아내보다는 여우처럼 상냥하고 지혜로운 아내가 낫다는 말이다. 시어머니와 관계를 지혜롭게 풀어가는 이 사원을 보면서 그는 리크루팅에 활용할 수 있는 아이디어를 얻었다고 한다.

'News 기법'을 활용하라

"이 사원이 하는 행동에서 제가 배운 것이 'News 기법'이라는 것입니다. 그냥 제가 붙인 이름이에요. News 하면 좋은 소식을 말하잖아요." 그가 웃으면서 이렇게 말했다. 그가 활용하고 있다는 'News 기법'을 들여다보자.

News는 New ability(새로운 잠재력을 찾아내라), Energy(에너지를 불어넣어라), Work(일에 대한 비전을 제시하라), Start(새르 시작하게 하라)의 첫 글자를 따서 만든 것이라고 한다.

리크루팅 대상자를 만나면 제일 먼저 해야 하는 일이 그 사람의 장점 찾기이다. 사람마다 자기만이 잘할 수 있는 장점이 있기 마련이다. 대부분 이것을 묵혀두고 있을 뿐이다. 두 번째는 상대방의 에너지를 충전해주는 일이다. 장점을 집중적으로 부각하면서 특별한 사람이라는 것을 인식하게 해주는 것이다.

세 번째는 일에 대한 새로운 비전을 제시해주는 것이다. 장점을 썩혀두지 말고 새로운 삶의 에너지로 써야 한다는 것이다. 장점을 묵혀두는 것은 본인의 손해일 뿐만 아니라 국가적으로도 손해라는 것을 부각하라는 것이다. 마지막으로 새롭게 일을 시작하겠다는 결심을 하도록 하는 것이다.

기를 살려주는 것이 중요하다

"지금 활동하는 사원 중에 아르바이트로 풍선아트를 했던 사람이 있습니다. 아이디어도 좋고 솜씨도 참 좋은 사람이에요." 그가 News 기법으로 리크루팅에 성공했다고 하면서 사례를 들려주었다.

그 사원은 풍선아트를 취미로 배웠다. 그는 동네에서 행사가 있을 때 풍선아트를 해주고 사례로 얼마씩 받았다. 주변 사람에게서 그 사람을 소개받고 찾아가 만났다. 그와 만났을 때 30분 이상 풍선아트에 대해서만 이야기했다. 그리고 그에게 풍선아트 솜씨가 대단하다면서 한 가지 제안을 했다. 한 달에 한 번씩 사무실에 와서 풍선아트를 사원들에게 강습해달라는 것이었다.

그것이 계기가 되어 그는 자연스럽게 사무실에 찾아왔고, 매월 찾아왔을 때 이 얘기 저 얘기를 하다가 일에 대한 비전을 제시했다. 그리고 좀 더 보람 있는 일을 해보자고 해서 결국 한 식구가 되었다. 지금 그 사원은 고객들의 생일, 결혼기념일, 개업, 돌잔치 등에 풍선아트를 활용하면서 영업에서 좋은 성과를 올리고 있다.

리크루팅 대상자를 만나러 가기 전에 그 사람에 대해 연구하라. 장점을 찾아내라. 그리고 그 장점을 집중적으로 칭찬하라. 이것이 News 기법의 핵심이다. 때로는 막무가내 정신이 필요하다. 무조건 찾아가서 부딪쳐 보는 것이 막무가내 정신이다.

그러나 사람의 마음을 얻는 일에서는 막무가내 정신이 노력만큼 좋은 결과를 가져다주지 못한다. 리크루팅 대상자와 면담할 때는 막무가내 정신보다는 치밀하게 준비하고 연구하는 자세가 더 중요하다.

리·크·루·팅 명장의
One Point Lesson

리크루팅 면담 'News 기법'

New ability : 새로운 잠재력을 찾아내라.
Energy : 에너지를 불어 넣어라.
Work : 일에 대한 비전을 제시하라.
Start : 시작하게 하라.

칭찬만 잘해도 50%는 성공이다

누가 먼저 해야 할까?

"사람을 만나면 누가 먼저 웃어야 할까요? 사람을 만나면 누가 먼저 칭찬의 말을 해야 할까요? 정답은 '내가 먼저'입니다." 대형 조직을 이끌고 있는 한 매니저가 상담 과정에 대해 설명하면서 한 말이다.

리크루팅 대상자를 만나면 누가 먼저 웃어야 할까? 내가 먼저, 아니면 리크루팅 대상자가 먼저? 물론 내가 먼저 웃어야 한다. 리크루팅 대상자를 만나면 누가 먼저 인사를 해야 할까? 내가 먼저, 아니면 리크루팅 대상자가 먼저? 물론 내가 먼저 인사를 해야 한다.

리크루팅 대상자를 만나면 칭찬의 말을 누가 먼저 해야 할까? 내가 먼저 칭찬의 말을 해야 한다. 왜? 웃음은 먼저 웃는 사람이 임자이기 때문이다. 내가 먼저 웃으면 주도권이 내게로 온다. 내가 먼저 인사를 하면 만남의 주도권이 내게로 온다. 내가 먼저 칭찬의 말을 하면 대화의 주도권을 내가 갖게 된다.

리크루팅 대상자를 만났을 때 대화의 주도권을 누가 쥐고 있느냐가 중요하다. 대화의 주도권을 내가 쥐고 있으면 대화가 쉽게 풀려나간다. 그러나 대화의 주도권을 상대방이 쥐고 있으면 대화가 어려워진다. 대화의 주도권을 내가 갖는 방법이 먼저 웃고, 먼저 인사하고, 먼저 칭찬하는 것이다.

칭찬에도 연습이 필요하다

"우리는 잘못된 고정관념이 있습니다. 내가 말을 많이 해서 상대방을 설득해야 한다는 생각입니다. 말 잘하려고 할 필요가 없습니다. 말을 잘하려고 고민할 것이 아니라 칭찬을 잘하는 것을 공부하고 연습해야 합니다." 사람의 마음을 얻는 방법으로 칭찬보다 더 좋은 약이 없다고 하면서 그 매니저가 한 말이다.

한국 사람이 잘 걸리는 5대 인색병이 있다. 인사하기에 인색하고, 인정해 주는 데 인색하고, 격려하는 데 인색하고, 정을 주는 데 인색하고, 마지막으로 칭찬하는 데 인색하다는 것이다. 이 다섯 가지 인색병을 보면 한 가지 공통점이 있다. 모두가 연습하면 극복할 수 있는 병이라는 것이다.

"칭찬에도 연습이 필요합니다. 미리 준비하고 연습하면 칭찬도 자연스럽게 잘할 수 있습니다." 그는 이렇게 말하면서 칭찬하는 요령 세 가지를 소개했다.

리크루팅 대상자의 마음을 열게 하기 위해서 그가 사용하는 세 가지 칭찬 요령을 살펴보자. 먼저, 칭찬할 때는 앞에 대놓고 칭찬한다. 남자들의 경우 대놓고 칭찬하면 쑥스러워 머리를 긁적이면서 딴소리를 하는 사람도 있지만 당사자를 앞에 놓고 칭찬하는 것이 효과가 더 좋다. 여성에게는 반드시 대놓고 칭찬해야 한다. 여성의 경우 부재중일 때 칭찬하면 왜 자기가 없는 데서 자기 얘기하냐고 기분 나빠하는 사람도 있기 때문이다.

둘째, 칭찬할 때는 과감하게 한다. 주저하거나 망설이지 말고 미리 준비하고 연습한 칭찬의 말을 과감하게 해야 한다. 날마다 똑같은 말이어도 괜찮다. 이 사람에게도 똑같은 말, 저 사람에게도 똑같은 말이어도 괜찮다. 미리 준비하고 연습해서 과감하게 칭찬해야 효과가 좋다.

셋째, 칭찬할 때는 과장해서 한다. 조그만 것이라도 침소봉대(針小棒大)해서, 과장해서 칭찬하는 것이 효과가 좋다. 말로만 칭찬하는 것이 아니라 눈동자가 커지고 얼굴 표정이 환해지면서 온몸으로 칭찬하면 리크루팅 대상자의 마음이 달라진다.

3가지 방법으로 칭찬하라

"칭찬만 잘해도 50%는 성공입니다. 인사말은 반드시 칭찬의 말로 해야 합니다. 전화할 때도 칭찬의 말을 잊어서는 안 됩니다. 시도 때도 없이 칭찬의 말을 입에 달고 살아야 합니다."

그는 리크루팅 대상자에게 매일 세 가지 방법으로 칭찬을 한다. 첫째는 리크루팅 대상자를 만날 때 인사는 꼭 칭찬의 말로 한다. 인사말에 한 마디 덧

붙이면 된다. 겨울이 끝나갈 무렵에 리크루팅 대상자인 여성을 만났다. 그는 "안녕하세요. 이제 완연한 봄이죠? 김숙이 님 얼굴에서 화사한 봄을 먼저 느끼게 되네요"라고 환하게 웃으면서 칭찬을 했다.

둘째는 전화로 통화할 때 반드시 칭찬의 말을 한 마디 더한다. 그러면 칭찬의 말을 들은 상대방은 기가 살아난다.

마지막으로, 그는 시도 때도 없이 칭찬의 말을 입에 달고 산다. 리크루팅 대상자를 만나면 가족을 칭찬해주고 자녀들을 칭찬해준다. 주변 사람들을 칭찬해줌으로써 같이 상대방의 주가를 높여주는 것이다.

"리크루팅 대상자를 만나면 가장 많이 듣는 말이 '못한다'는 말입니다. 다들 우리 일을 두려워하고 어려워합니다. 이것을 해결해주는 가장 좋은 방법이 칭찬이라고 생각합니다. 칭찬은 고래도 춤추게 한다고 하죠? 칭찬에는 죽은 영혼을 살려내는 마력이 있답니다."

리·크·루·팅 명장의
One Point Lesson

효과적인 칭찬 방법 3가지

1. 대놓고 칭찬하라. 앞에 대놓고 칭찬하는 것이 더 좋다.
2. 과감하게 칭찬하라. 미리 준비하고 연습해서 과감하게 칭찬하라.
3. 과장해서 칭찬하라. 아주 사소한 것도 크게 과장해서 칭찬하라.

카타르시스가 일어나게 하라

설득하려고 덤비지 마라

"상담할 때는 한 가지 원칙이 있어요. 내가 말을 많이 하면 안 된다는 것입니다. 그러나 사람들은 대부분 자기가 말을 많이 하려고 한다는 것이 문제입니다." 상담심리학을 전공했다는 매니저가 한 말이다.

그는 학교에서 학생들의 문제를 해결해주는 상담교사로 오래 근무한 경력이 있다. 학교에서는 상담교사로, 평생교육원에서는 상담학을 강의하다가 지금은 매니저로 활동하고 있다.

"친숙 단계에서 리크루팅 대상자와 상담할 때 잊지 말아야 할 것이 있습니다. 설득하려 덤비지 말고 상대방에게 카타르시스(정화작용)가 일어나게 해야 한다는 것입니다." 이렇게 말하면서 그는 어릴 적 경험담을 이야기했다.

초등학교 때의 일이다. 엄마 손을 잡고 정문을 지나가는데 한 할머니가 연탄 화덕에 국자를 얹어놓고 설탕을 녹이고 있었다. '달고나'를 만드는 것이다. 엄마에게 사달라고 했더니 불량식품이라면서 안 된다고 하셨다. 엄마 손을 잡아 끌면서 사달라고 졸랐더니 엄마가 손을 놓고 혼자 저만치 가버리셨다.

땅바닥에 털썩 주저앉아 엉엉 울었다. 한 5분을 그렇게 울었을까? 울다가 눈을 떠보니 이미 엄마는 가버리고 안 계셨다. 한참을 울고 났더니 하늘이 뱅뱅 돌고, 하늘이 노랗게 보이면서 별이 왔다 갔다 했다. 그런데 속은 후련했다. 마음속에 카타르시스가 일어났기 때문이다.

카타르시스가 일어나게 하라

'카타르시스'는 정화, 배설을 뜻하는 그리스어인데 '정화'는 종교적 의미로 쓰일 뿐만 아니라 몸 안의 불순물을 배설한다는 의학 용어로도 쓰인다.

성당에 다니는 사람은 마음속으로 지은 죄나 행동으로 지은 죄를 신부에게 다 털어놓는다. '고해성사'이다. 마음속에 있는 것을 신부에게 다 털어놓고 돌아서면 마음이 어떤가? 후련할 것이다. 마음속에서 카타르시스가 일어났기 때문이다.

정신과 병원에서 환자들을 치료할 때 많이 쓰는 방법이 있다. 환자의 마음에 카타르시스가 일어나게 하는 것이다. 정신과를 찾는 40대 주부들이 부쩍 늘었다고 한다. 소득은 주는데 물가는 올라가고 스트레스는 쌓인다. 이런 것들이 쌓이고 쌓여서 우울증으로 진행되기 때문이다.

정신과에서 우울증 환자를 치료하는 방법은 무엇일까? 우울증 환자로 하여금 마음속에 있는 것들을 다 털어놓게 하는 것이라고 한다. 시어머니 문제, 남편 문제, 자녀들 문제 등 마음속에 쌓인 문제들을 눈물, 콧물 흘리면서 다 털어놓게 만드는 것이다. 마음속에 쌓인 것들을 다 털어놓으면 마음속이 후련해진다. 카타르시스가 일어났기 때문이다.

시간을 투자해서 마음을 사라

"저는 당장을 보지 않습니다. 제가 리크루팅할 때 가장 중점적으로 추진하는 것은 상대방의 마음에 카타르시스가 일어나게 하는 일입니다. 장기적으로 보면 이 방법이 더 효과적이던데요." 그는 이렇게 말하면서 한 사원의 사례를 들려주었다.

입사한 지 3년차 되는 사원이 있다. 처음 만나고 6개월 만에 리크루팅한 사람이다. 다른 팀원들이 1년, 2년 걸린 것에 비하면 짧은 기간에 리크루팅에 성공한 예이다. 처음 그를 찾아가 만났을 때는 얼굴색이 몹시 어두웠다. 얼굴에 수심이 가득했다. 시어머니와의 갈등으로 마음고생이 심했기 때문이다.

시어머니는 남편과 일찍 사별하고 홀로 아들을 키워서 아들에 대한 집착이 강했다. 그러다 보니 사소한 것으로도 갈등을 빚었다. 상담학을 전공한 그는 이 사람을 만날 때마다 20분이고 30분이고 듣기만 했다. 마음속에 있는 것을 다 털어놓게 해주었다. 그랬더니 세 번째 만남부터는 누구에게도 하지 않은 얘기도 털어놓으면서 '언니'라고 부르겠다고 했다. 만나면 친언니 같은 포근함을 느끼게 된다고 하면서.

"저는 시간을 투자해서 그 사람의 마음을 샀습니다." 이 매니저가 결론적으로 하는 말이었다.

리크루팅 대상자와 상담할 때는 내가 말을 많이 하려고 하면 안 된다. 내가 말을 많이 하면 카타르시스는 나에게만 일어난다. 그러면 달라지는 것은 아무것도 없다. 내가 말을 많이 하기보다는 리크루팅 대상자로 하여금 말을 많이 하게 해야 한다. 그래야 리크루팅 대상자에게 카타르시스가 일어난다.

리·크·루·팅 명장의
One Point Lesson

'카타르시스' 상담 기법

1. 친분관계 쌓기가 우선되어야 한다.
2. 설득하려고 덤비지 마라.
3. 마음속에 있는 것을 다 털어놓게 하라.
4. 속이 후련하게 만들어줘라.
5. 시간을 투자해서 마음을 사라.

'수사반장'이 돼라

백전백승하라

《손자병법》에서 가장 유명한 문구는 '지피지기 백전불태(知彼知己 百戰不殆)'일 것이다. 상대를 알고 나를 알면 백 번 싸워도 위태롭지 않다는 뜻이다. 상대편과 나의 강점과 약점을 충분히 알고 싸움에 임해야 승리할 수 있다는 말이다.

"리크루팅은 전쟁입니다. 반드시 이겨야 하는 전쟁입니다. 이 전쟁에서 이기려면 가장 중요한 것이 정보 수집입니다." 리크루팅 대상자를 만나러 갈 때 먼저 그 사람에 대한 연구를 해야 한다는 점을 강조하면서 매니저가 한 말이다.

《손자병법》에서 말하기를 적의 실정을 모른 채 아군의 전력만 믿고 싸운다면 승패의 확률은 반반이라고 했다. 상대방의 실정을 모른 채 우리 정보만 가지고 싸운다면 승패의 확률이 반반이라는 것이다. 대부분의 매니저가 이 방법으로 리크루팅에 임하고 있다. 우리 실정만 생각하고 상대방에 대한 연구도 없이 리크루팅 대상자를 만나러 가는 것이다. 그러니 노력하는 만큼 좋은 결과를 얻지 못하게 된다.

리크루팅 대상자를 우리 식구로 만들기 위해서 꼭 필요한 것이 그에 대한 연구이다. 특히 그 사람의 라이프스타일을 연구하고 그에 맞춘 전략을 짜서 접근하는 것이 중요하다.

'수사반장'이 돼라

"옛날에 〈수사반장〉이라는 텔레비전 드라마가 있었어요. 지혜를 모아 각종 사건을 하나하나 해결해나가는 프로그램이었죠. 리크루팅에서 백전백승하려면 수사반장이 되어야 합니다." 이 매니저가 리크루팅 대상자를 만날 때 꼭 실천하는 것이라고 하면서 소개해준 방법이 '수사반장'이라는 것이었다.

    수 : 수집하고 또 수집하라.
    사 : 사적인 정보(Life Style)를 찾아라.
    반 : 반응을 살펴라.
    장 : 장점을 집중적으로 공략하라.

리크루팅 활동에서 제일 먼저 해야 할 일은 리크루팅 대상자에 관한 정보 수집이다. 그는 리크루팅 카드에 리크루팅 대상자의 정보를 수시로 기록한다고 했다. 다음으로 사적인 정보, 즉 그 사람의 라이프스타일을 연구하라는 것이다. 그는 리크루팅 대상자를 만나러 가기 전에 반드시 리크루팅 카드를 보면서 그 사람에 대한 공부를 한다고 했다.

세 번째는 만나고 난 다음에는 반응을 살피라는 것이다. 오늘 만났을 때 있었던 일을 하나하나 되씹어보면서 다음 전략을 짜야 한다고 했다. 마지막으로 장점을 찾아서 장점을 집중적으로 공략하라고 했다. 이 방법으로 그는 리크루팅에서 성공했다고 한다.

예습과 복습을 하라

"수능시험에서 최고 성적을 거둔 학생이 인터뷰에서 꼭 빠뜨리지 않고 하는 말이 있습니다. '예습, 복습에 충실했어요'라는 말입니다." 그가 리크루팅 대상자를 빠른 시일 안에 우리 식구로 만들려면 예습 복습을 철저히 하라고 하면서 들려준 말이다.

리크루팅 대상자를 만나러 가기 전에 예습을 하라. 그 사람에 대한 정보를 파악하고 가라는 말이다. 그 사람의 라이프스타일을 파악하고 만나러 가라는 말이다.

"상대방에게 닭고기 알레르기가 있는데 삼계탕을 먹으러 갈 수는 없잖아요." 그가 리크루팅 대상자에 대한 예습의 중요성을 강조하면서 한 말이다. 리크루팅 대상자를 찾아가서 식사를 하려고 하는데 '어디로 갈까요?'라고 말한다면 그날 만남은 백발백중 실패한다고 그는 강조한다. 그 사람에 대해 예습을 하지 않고 만났기 때문이다.

이런 경우 그는 '좋은 식당이 있습니다'라고 말한다고 했다. 미리 그 사람의 라이프스타일을 연구했기 때문에 자신 있게 안내할 수 있다는 것이다. 그리고 식당에 도착하면 사전에 예약해놓은 자리로 안내한다고 했다.

리크루팅 대상자를 만나고 난 다음에는 반드시 복습을 하라. 오늘 만남에 대해서 다시 생각해보라는 것이다. 소는 '반추'를 한다. 한번 삼킨 먹이를 게 워내어 천천히 씹는 것을 반추라고 한다. 바둑에는 '복기(復碁)'가 있다. 한번 둔 바둑의 결과를 분석하기 위해서 두었던 대로 처음부터 다시 바둑알을 놓는 것을 복기라고 한다.

"예습과 복습을 잘하는 것이 리크루팅에서 성공하는 비결이에요." 마무리 한마디를 부탁했더니 그는 이렇게 말했다.

리·크·루·팅 명장의 One Point Lesson

리크루팅의 '수사반장' 프로그램

1. 수 : 수집하고 수집하라.
2. 사 : 사적인 정보(Life Style)를 찾아라.
3. 반 : 반응을 살펴라.
4. 장 : 장점을 집중적으로 공략하라.

'3·3·3 화법'을 아는가

'3·3·3 화법'이란?

"세일즈를 하든 리크루팅을 하든 기본적으로 익혀야 할 상담 기법이 있습니다. '3·3·3 화법'입니다." 대형 사원 8명으로 한 개 지점 이상의 실적을 거두고 있는 매니저가 한 말이다. 그의 팀은 학교 선후배로 이루어져 있다. 8명이 의기투합해서 영차영차 하는 분위기로 엄청난 에너지를 발산하고 있다.

"'3·3·3 화법'을 소개해드릴까요?" '3·3·3 화법'이란 고객과 상담할 때 3초 전략 → 30초 전략 → 30분 전략으로 연결하는 화법이다. "고객과 상담할 때는 첫마디가 중요해요. 죽이는 첫마디로 고객의 관심을 사로잡아야 합니다." 그가 3초 전략을 설명하면서 한 말이다.

고객과 상담할 때 처음 던지는 한마디로 상대방의 관심을 사로잡으라고 했다. 그는 이것을 '죽이는 한마디'라고 했다. 즉 아무 관심도 없는 사람에게 죽이는 한마디를 던져서 관심을 갖게 하는 것이 3초 전략이다. 상대방이 관심을 가지면 다음으로 풀어가는 방법이 30초 전략이다. 상대방이 흥미를 갖는 것으로 대화를 풀어가는 것이다. 상대방이 관심을 갖는 것에 초점을 맞춰 질문하면 마음의 문이 열린다. 이것이 30초 전략이다.

그리고 나서 마지막으로 하는 것이 30분 전략이다. 상대방의 문제를 해결할 수 있는 해결책을 소개하는 것, 즉 상품을 구체적으로 설명하는 것이 30분 전략이다.

첫마디를 고민하라

"우리 팀원 중에 은행 부지점장 출신이 있습니다. 그를 리크루팅할 때 이야기입니다"라고 하면서 그는 '3·3·3 화법'을 리크루팅에 활용한 사례를 소개했다.

3년 전의 일이다. 은행의 부지점장으로 근무하는 선배를 찾아갔다. 대학 시절 야구동아리 활동을 같이한 선배다. 서로 형, 아우 하면서 지내는 막역한 사이였다.

선배를 찾아가서 대뜸 던진 첫마디가 이랬다. "형, 형은 왜 살아?" 이 질문에 선배가 어리둥절한 표정으로 "무슨 소리야?"라고 했다. "아니, 내가 질문을 잘못했어. 형은 명함 때문에 사는 거야, 아니면 일 때문에 사는 거야?"라고 했다. '명함 때문에'라는 말은 명예만을 좇아서 사느냐는 말이다. '일 때문에'라는 말은 자기 일이 좋아서 하는 것이냐는 말이다.

그는 이 한마디만 던져놓고 돌아왔다. 그런데 선배는 그가 던지고 간 한마디에 오만 가지 생각을 했다고 한다.

나중에 선배는 그때까지 자신은 오직 승진하기 위해서 앞만 보고 달려왔다고 했다. 자기가 하는 일이 어떤 것인지는 생각해볼 겨를이 없었다고 했다. 그런데 후배가 던지고 간 한마디가 지금까지 걸어온 길을 다시 생각하게 만들었다고 했다. 며칠 뒤 선배에게서 전화가 걸려왔다. 자기 사무실에 와서 얘기 좀 하자고 말이다.

해결책을 같이 찾아라

"선배에게 찾아갔더니 '너는 그 일이 재미있냐?'라고 물었습니다." 그가 웃으면서 이야기를 계속했다. 항상 밝고 명랑한 모습으로 하루하루를 정신없이 사는 자기에게 주변 사람들이 가장 많이 던지는 말이 '그 일이 그렇게 재미있냐?'라는 질문이라고 했다. 그러면서 그는 이렇게 말했다.

"자신도 하나의 상품이라는 생각을 잊어서는 안 됩니다. 주변 사람들이 항상 나를 지켜보고 있어요. 평상시 그 사람들에게 어떤 모습을 보여주느냐가 중요해요. 결정적인 순간에 중요한 역할을 하게 됩니다."

선배 사무실에서 이야기를 한참 했다. 그 뒤 전화로 또는 직접 만나서 자주 이야기했다. 1년이 지났을 때 선배가 이직을 결심하게 되었고, 은행에서 VIP 고객을 관리한 경험을 살려 지금은 부자 고객들을 중점적으로 공략하는 대형 사원이 되었다.

이 매니저가 사용했던 '3·3·3 화법'을 분석해보자. 선배를 만나서 첫 마디가 죽이는 한마디였다. 이것이 3초 전략이었다. 그 한마디가 선배를 고민하게 만들었다. 그래서 선배가 다시 찾아오라고 했고, 마음속에 있는 말을 털어놓기 시작한 것이 30초 전략이었다. 마음의 문을 열게 된 것이다. 그 뒤 이 얘기 저 얘기를 하면서 해결책을 찾기 위해 노력한 것이 30분 전략이었다.

리크루팅 대상자와 상담할 때 '3·3·3 화법'을 잊지 마라. 어떤 말로 이야기를 시작하고 어떻게 상대방의 관심을 유도해내고, 어떻게 해결책을 제시하느냐 하는 것이 '3·3·3 화법'이다.

리·크·루·팅 명장의
One Point Lesson

리크루팅 '3·3·3 화법'

- **3초 전략**   죽이는 한마디로 관심을 끌어라.
- **30초 전략**   관심 사항에 초점을 맞춰라.
- **30분 전략**   문제 해결 방법을 같이 찾아라.

'죽이는 한마디'를 만들어라

'Say' 화법을 익혀라

"세일즈나 리크루팅이나 말을 잘하려고 하면 안 됩니다. 말을 잘하려고 하기보다는 한마디를 하더라도 어떻게 말할지 고민해야 합니다." 매니저가 된 지 5년 된 프로 매니저가 한 말이다. 5년 동안 조직 분할을 두 번이나 했다. 그가 배출한 새끼 매니저가 두 명이나 있다는 말이다. 지금은 16명의 조직을 이끌고 있다.

　그는 말을 유창하게 하지 못한다. 아니 말수가 많지 않다고 하는 것이 맞다. 필자와 인터뷰하는데도 다른 매니저에 비해서 말수가 그리 많지 않았다. 그런데도 그를 한 번 만난 사람은 그에게 끌린다고 했다. 그 이유를 물었더니

'Say 화법' 덕분이라고 했다.

"제가 팀원들에게 잔소리처럼 하는 말이 있습니다. 이 분야에서 진짜 프로가 되려면 'Say 화법을 익혀라'는 말입니다." 그러면서 자신이 쓰는 Say 화법을 설명해주었다.

Say의 첫 번째 S는 Short(짧게)이다. 고객과 말을 할 때는 말을 많이 하려고 하지 말고 되도록 짧게 해야 한다는 것이다.

두 번째 A는 Attention(관심)이다. 상대방의 관심을 끌어야 한다는 것이다. 그러기 위해서는 상대방의 니즈를 찾아 죽이는 한마디를 던지라는 것이다.

세 번째 Y는 Yes(긍정)이다. 상대방이 끌려오면 긍정적인 방향으로 유도하라는 것이다. 다시 말하면 말은 짧게 하되 상대방의 관심 분야를 향해 죽이는 한마디를 던져라. 그러면 흥미 없어하던 사람도 끌려온다는 것이 그가 말하는 Say 화법이다.

죽이는 한마디를 만들어라

"리크루팅에서 대상자와 면담할 때 가장 중요한 것은 상대방의 관심을 끄는 일입니다. 그러려면 '죽이는 한마디'를 만들어야 합니다." 그는 죽이는 한마디라는 단어에 강한 힘을 주면서 말했다.

리크루팅 대상자를 만나면 흔히 듣는 말이 '말을 못한다', '아는 사람이 없다', '세일즈는 못한다'는 것이다. 이것이 가장 보편적인 거절의 말이다. 거절하기 위한 전형적인 핑계이다. 이럴 때 어떻게 말하는가? 매니저들은 대부분 상대방을 설득하기 위해서 말을 많이 한다. 그렇게 하면 안 된다고 이 매니저는 강조했다. 이럴 때 죽이는 한마디를 던지라는 것이다.

"지금 13차월 된 사원이 있습니다. 매월 실적이 상위 3위 안에 드는 대형 사원입니다. 그가 저를 처음 만났을 때 한 말이 '말을 못해요'라는 것이었습니다." 이렇게 말하면서 그 사원을 얼굴로 가리켰다.

그 사원이 처음 그를 만났을 때 거절하기 위해서 '말을 못한다'고 했다. 그때 그가 던진 죽이는 한마디가 "하나만 저에게 주시면 돼요"라는 말이었다. 상대방이 말을 못한다고 하는데 생뚱맞게 하나만 달라고 했으니 말이 안 된다. 화법이 맞지 않는다. '하나만 달라'는 그의 말에 상대방이 주춤했다.

그럴 때 그가 웃으면서 종이에 글자를 하나 썼다. "Impossible(불가능)이라는 단어 아시죠? 여기에 제가 점 하나만 찍어볼게요. 그러면 I'm possible(나는 가능하다)이라는 말이 됩니다. 저에게 이 점 하나면 주시면 돼요."

긍정적인 방향으로 유도하라

"죽이는 한마디로 상대방의 관심을 끌었잖아요. 그러면 다음 단계로 Yes를 끌어내야 합니다. 그것이 긍정적인 스토리로 풀어가는 것입니다." 이렇게 말하면서 그가 Yes를 유발하는 방법을 설명했다.

"제 팀원이 저한테 들려준 이야기인데요"라고 하면서 그가 다음과 같은 이야기를 했다.

한 집에 두 형제가 살았다. 이 집에 가훈으로 이런 액자가 걸려 있었다. 'Dream is nowhere(꿈은 어디에도 없다).' 이 액자를 보고 자란 형은 노숙자가 되었다. 문구 그대로 꿈은 어디에도 없다고 생각하고 마구잡이로 살았기 때문이다.

그런데 똑같은 액자를 보고 자란 동생은 큰 사업가로 성공하였다. 그는 이 액자를 보면서 이렇게 읽었다. 'Dream is now here(꿈은 지금 여기에 있다).' 똑같은 액자를 보면서도 형제의 생각이 달랐던 것이다.

이 이야기를 마치면서 마지막으로 "저는 오늘 김경희 님의 꿈을 사려고 왔습니다"라고 말했다. 자신의 말에 강한 인상을 받은 그 사람이 신입사원이 되었고 지금은 아주 잘하고 있다는 설명을 덧붙였다.

리·크·루·팅 명장의
One Point Lesson

리크루팅 'Say 화법'

1. Short : 말은 짧게 하라.
2. Attention : 죽이는 한마디로 관심을 끌어내라.
3. Yes : 긍정적인 방향으로 대화를 이끌어라.

'Yes'를 이끌어내라

말하는 데에도 연습이 필요하다

" '아마추어처럼 왜 이래?'라는 말이 있죠? 오늘 엘리베이터를 탔더니 그 말이 딱 생각나데요." 한 매니저를 만나서 리크루팅 노하우를 물었더니 불쑥 이런 얘기로 대화를 시작했다.

엘리베이터를 타고 내려가는데 남자 두 명이 탔다. 그 두 사람이 주고받는 대화가 참으로 가관이었다.

"주말에 뭐 하셨어요?"

이 말을 들은 다른 남자가 곧바로 대답했다.

"아버님 산소에 갔었어."

말없이 2초 정도 지났다. 엘리베이터 안에는 잠시 적막이 흘렀다. 먼저 질문했던 사람이 다시 질문했다.

"바람 많이 불지 않았어요?"

주말에 산소 갔을 때 밖에 바람이 심하지 않았느냐는 말이다. 그 말에 상대방이 곧바로 대답했다.

"아니, 바람 없던데"

다시 2초 정도 지났나 보다. 질문하던 남자가 생각났다는 듯이 또 불쑥 질문했다.

"산소가 어디예요?"

"용미리…."

대답이 끝나기도 전에 '띵동' 하는 엘리베이터 신호음에 두 사람이 엘리베이터에서 내렸다. 모르긴 하지만 질문하는 사람은 영업을 해야 하는 '을'인 것 같고 대답하는 사람은 결정권을 쥐고 있는 '갑'인 것 같았다.

"두 사람의 대화에서 무엇이 문제인지 아세요. 을이 갑에게 호구조사를 하는 것과 같은 질문을 했다는 겁니다. 아무 생각 없이 생각나는 대로 질문한 것이죠. 그가 대화하는 모습을 보면서 '아마추어처럼 왜 이래?' 하는 말이 튀어나올 뻔했다니까요." 그 매니저가 이렇게 말했다.

리크루팅 대상자를 만났을 때 앞의 사례와 같은 대화를 하는 사람을 심심찮게 보게 된다. 매니저는 호구조사를 하는 질문을 하고 리크루팅 대상자는 성의 없이 단답형으로 대답하고…. 그러니 서로 서먹서먹하고 마음의 장벽이 무너지지 않아 대화가 제대로 진행되지 않는 것이다.

말하는 데도 연습이 필요하다. 무슨 말을 해야 할지, 어떤 질문을 해야 할지, 대화는 어떻게 이끌어갈지 미리 준비한 뒤 리크루팅 대상자를 만나야 한다.

'Yes 화법'을 기억하라

"리크루팅 대상자와 면담할 때는 'Yes 화법'으로 해야 합니다." 이렇게 말하면서 그가 다른 후배들에게 가르치고 있다는 'Yes 화법'을 소개해주었다.

Yes에서 첫 번째는 You이다. 상대방(You) 중심으로 말을 해야 한다. 상대방이 관심을 갖는 것으로 대화를 시작해야 한다는 것이다. "우리나라 말로 말하면 안 됩니다. 외국인과 말을 할 때는 그 나라 말로 해야 대화가 통하죠. 리크루팅 대상자와 말을 할 때는 우리말이 아니라 그 사람의 말을 해야 합니다. 부부가 원활히 대화하려면 남편은 아내 나라의 말로, 아내는 남편 나라의 말로 해야 하죠. 그렇지 않으면 논쟁이 되고 말죠." 가장 중요한 것은 나 중심의 말이 아니라 상대방 중심의 말로 해야 한다면서 그가 강조한 말이다.

다음은 Emotion이다. 대화 내용이 상대방의 감성을 건드리는 내용이어야 한다. 머리가 아닌 가슴으로 접근하는 대화 내용이어야 한다는 것이다. 즉 목적을 앞세우는 내용이 아니라 목적을 떠난 사적인 내용이어야 마음의 벽이 무너지게 된다.

마지막으로 Solution이다. 상대방의 문제를 해결해주는 쪽으로 대화를 이끌어가야 한다. 상대방이 가지고 있는 고민, 문제 등을 같이 고민하면서 풀어가는 쪽으로 대화가 진행되어야 한다.

열린 대화를 하라

"또 Yes 화법은 항상 긍정적으로 대화해야 한다는 의미도 있습니다. 내 입에서 Yes(긍정)가 나와야 하고 상대방 입에서도 Yes(긍정)가 나와야 한다는 뜻입니다." 상대방 입에서 'Yes'가 나오도록 대화를 이끌어가야 한다고 그는 강조했다.

그는 리크루팅 대상자를 만나러 갈 때는 리크루팅 카드를 꺼내놓고 그 사람에 대해서 공부하고 또 공부한다고 했다. 특히 리크루팅 대상자의 취미, 특기 등을 찾아내고, 그 사람이 안고 있는 문제점을 체크한다고 했다.

이런 준비를 하고 리크루팅 대상자를 만나면 '고향이 어디예요?'처럼 호구조사 같은 질문은 하지 않게 된다. 그 사람의 취미나 특기 등과 같은 것을 소재로 이야기를 시작해서 마지막에는 문젯거리를 같이 고민하는 식으로 대화를 이끌어간다. 이것이 열린 대화를 하는 방법'이라고 그는 말했다.

리·크·루·팅 명장의
One Point Lesson

'Yes 화법'으로 풀어가기

1. You : 내 말이 아니라 상대방 말로 대화를 시작하라.
2. Emotion : 감성을 건드리는 대화를 하라.
3. Solution : 문제를 같이 고민하고 해결하는 대화를 하라.

"호구조사하는 것과 같은 닫힌 대화가 아니라
 Yes를 유발하는 열린 대화가 되게 하라."

가치관이 변했다

달에는 무엇이 살까?

"달에 무엇이 사는지 아세요? 옛날에는 토끼가 살았어요. 그런데 지금은 로봇이 산답니다." 한 매니저가 리크루팅 대상자와 상담할 때 시대의 변화에 따라 사람의 인식과 가치관이 변한다고 하면서 이렇게 이야기를 시작한다고 했다.

시대가 변하면서 사람의 인식과 가치관이 변하고 있다. 그 대표적인 예가 '흥부와 놀부'와 '개미와 베짱이'라 할 것이다.

옛날에는 흥부 하면 착한 사람, 놀부 하면 나쁜 사람으로 이야기했다. 흥부처럼 착하게 살아야 하고 심술 많고 욕심 많은 놀부처럼 살면 안 된다고 했다. 그러나 지금은 해석이 정반대이다. 흥부는 무책임하고 무능한 사람, 놀부는 책임감과 자립심이 강한 사람으로 해석되고 있다. 흥부는 능력도 없으면서 무책임하게 자식들은 잔뜩 낳아놓고 노력도 하지 않고 형님에게 빌어먹을 궁리만 하는 노숙자와 같은 사람으로 표현된다. 그러나 놀부는 어떠한 역경도 강한 의지로 혼자 헤쳐 나가는 CEO 같은 사람으로 해석되고 있다.

이솝 우화에 나오는 '개미와 베짱이' 또한 그렇다. 옛날에는 열심히 일하는 개미에게 찬사를 보냈다. 그리고 날마다 노래하면서 놀기만 하는 베짱이를 비난했다. 그러나 지금은 개미와 베짱이를 다른 시각으로 바라본다. 개미는 자기만 아는 속물로, 베짱이는 멋있는 삶을 사는 예술가로 해석한다.

여름 내 음악으로 개미의 갈증을 달래준 베짱이가 '난 예술가야, 넌 내 음악을 좋아했으니까 나도 존중해줘야 돼!'라며 개미에게 당당하게 겨울 양식을 요구한다. 이런 베짱이의 요구를 매몰차게 거절하는 개미는 자기밖에 모르는 인정 없는 속물로 해석되고 있다.

지금은 개미처럼 열심히 일만 해서는 안 된다. 일할 때는 열심히 일하고 놀 때는 재미있게 놀 줄 아는 '개짱이' 같은 사람이 되어야 한다. 열심히 일하는 개미이기도 하면서 재미있게 놀 줄 아는 베짱이 같은 사람, 즉 개짱이가 성공하는 시대라는 것이다.

세일즈가 뜨고 있다

"시대가 변하면서 가치관이 달라진 것처럼 세일즈에 대한 인식도 변하고 있습니다." 그가 세일즈에 대한 사람들의 가치가 옛날과는 완전히 바뀌었다고 하면서 한 말이다.

요즘 직장인들은 30세가 넘으면 제일 먼저 가고자 하는 부서가 영업 파트라고 한다. 옛날에는 인사부, 기획부, 관리부 등에서 근무하기를 원했는데, 지금은 영업 파트에서 일하고자 자원하는 사람들이 많아지고 있다는 것이다.

38세까지 직장에 남아 있으면 선방이라는 뜻의 '38선 시대', 우리 몸의 체온이 36.5도인 것처럼 36세 중반이 되면 구조조정되는 '36.5도 시대', 30대 초반에 땡치고 나가야 하는 '삼초땡 시대'를 거치면서 사람들이 내일을 생각하는 사고가 바뀌었다. 세상에 나가면 장사 아닌 게 없다는 인식을 갖게 된 것이다. 그래서 현직에 있으면서 영업 노하우를 익혀서 혼자 독립하는 기반을 미리 익히려고 영업 파트를 자원하는 사람이 늘고 있다는 것이다.

"이제는 영업에 대한 사람들의 인식이 달라졌습니다. 노력하는 만큼 정당한 대가를 받고 능력에 따라 성공하는 직업이 세일즈밖에 없다는 인식이 강해졌습니다." 그는 사람들이 세일즈를 좋아하는 이유를 다음과 같이 말한다고 했다. 세일즈가 뜨는 이유는 ① 자본금이 없어도 가능하다. ② 특별한 기술이 필요 없다. ③ 노력한 만큼 보상을 받는다. ④ 실패에 대한 위험이 없다. ⑤ 성장 가능성이 무한하다.

지금은 창익부 시대다

"지금은 근익빈 창익부(勤益貧 創益富) 시대라고 합니다. 근면하게 살면 가난하게 살고 창조적으로 살아야 부자로 사는 시대라는 뜻입니다." 그는 리크루팅 대상자가 '영업은 어렵다. 주변에 아는 사람이 없다'라고 할 때 이렇게 말한다고 했다.

지금은 착하게 사는 사람은 가난하게 산다. 근면하게 열심히 사는 사람은 가난하게 산다. 흥부처럼 착하게 산다고 해서, 개미처럼 열심히 산다고 해서 부자로 사는 시대가 아니라는 것이다. 그러면 어떻게 살아야 부자가 될까?

지금은 창조적으로 사는 사람만이 부자로 사는 시대이다. 놀부처럼 삶의 철학과 군건한 의지를 가지고 사는 사람이 성공하는 시대이다. 일할 때는 개미처럼 열심히 일하고 놀 때는 베짱이처럼 신나게 놀 줄 아는 '개짱이' 형의 사람이 성공하는 시대이다.

"지금의 세일즈는 옛날처럼 아는 사람들을 찾아다니거나 무조건 열심히 활동하는 게 아닙니다. 창조적으로 활동하는 사람만이 성공합니다. 창조적으로 활동하는 방법을 제가 가르쳐드립니다." 그는 이렇게 말하면서 상담을 마무리한다고 했다.

리·크·루·팅 명장의
One Point Lesson

세일즈가 뜨는 이유

1. 자본금 없어도 가능하다.
2. 특별한 기술이 필요 없다.
3. 노력한 만큼 보상을 얻는다.
4. 실패에 대한 위험이 없다.
5. 성장 가능성이 무한하다.

꿈은 '꿈틀꿈틀'의 약자다

D형 혈액형을 찾는다

"리크루팅 대상자를 만나면 '성격이 내성적이어서 못한다'고 하는 사람이 있습니다. 그런 사람에게 저는 혈액형을 바꾸라고 합니다." 한 매니저를 만났더니 리크루팅 대상자와 상담할 때 그가 즐겨 쓰는 화법이 세 가지가 있다고 하면서 한 말이다.

그가 즐겨 쓰는 화법 중 첫 번째가 '혈액형 화법'이다. 정리하면 이렇다.

혈액형이 A형인 사람은 성실하다. 이런 사람에게 D형으로 바꾸라고 한다. D는 Dream(꿈)의 약자이다. 꿈이 다르면 인생이 달라진다고 말한다.

혈액형이 B형인 사람은 낙천적이다. 이런 사람에게는 D형으로 살라고 한다. D는 Dynamic(활력)의 약자이다. 활력이 넘치면 인생이 달라진다고 말한다.

혈액형이 O형인 사람은 목적이 뚜렷한 성향을 보인다. 이런 사람에게는 D형을 키우라고 한다. D는 Disire(욕망)의 약자이다. 욕망이 큰 사람이 빨리 성공한다고 말한다.

혈액형이 AB형인 사람은 명예를 소중히 하는 경향이 크다. 이런 사람에게는 D형에 올인하라고 한다. D는 Development(자기개발)의 약자이다. 자기개발에 매달리면 내일이 달라진다고 말한다.

그의 혈액형 화법을 종합하면 D형인 사람은 꿈을 가진 사람, 적극적으로 사는 사람, 목표가 뚜렷한 사람, 내일을 생각하는 사람이라는 뜻이다.

당신은 행복한 사람이다

"당신은 행복한 사람입니다. 오늘 제가 이렇게 찾아와서 같이 일하자고 하니 참으로 행복한 사람입니다." 그가 즐겨 쓰는 화법 중 두 번째가 '행복한 사람 화법'이다.

나를 만난 것이 행복이라는 것이다. 나에게서 새로운 제안을 받게 된 것도 행복이라고 한다. 누군가에게서 인정받는 것 자체가 행복이라고 그는 말한다. 더욱이 일부러 찾아와서 같이하자는 제안을 받은 사람은 행복한 사람이다. 인정받고 싶어도 인정받지 못하는 사람이 허다하기 때문이다.

"당신은 행복한 사람입니다. 이 화법으로 리크루팅에 성공한 대표적인 사람이 한 명 있습니다." 이렇게 말하면서 한 사원의 예를 들려줬다.

그 사원은 30대 중반의 여성이다. 그녀는 다른 회사에서 일하고 있었는데 회사가 경영난으로 구조조정을 시작했다. 어떻게 할까 고민하던 차에 이 매니저가 찾아와 '당신은 행복한 사람입니다'라는 말을 했다.

이렇게 찾아와 같이 일하자고 하는 사람이 있다는 것이 행복한 것 아니냐는 매니저의 말에 마음이 움직였다. 그래서 전직을 결심하게 되었다.

우리는 인생을 B→C→D 공식으로 살고 있다는 사실을 아는가? 무슨 말인가 싶을 텐데 우리는 B(Birth 출생)에서부터 D(Death 사망)에 이를 때까지 날마다 무엇인가를 C(Choice 선택)하면서 살고 있다. 먹을 것을 선택하고, 탈 것을 선택하고, 갈 곳을 선택하면서 살고 있다. 무엇을 먹을지를 고민하며 먹을 것을 선택한다. 어떻게 출근할지를 고민하며 탈 것을 선택한다. 어떻게 살지를 고민하며 일자리를 선택한다.

"제가 오늘 누군가를 선택하러 왔습니다. 바로 당신입니다. 선택받은 당신은 행복한 사람입니다." 이렇게 말하면 결심이 빨라진다고 그는 웃으며 말했다.

꿈틀거리는 사람이 꿈을 이룬다

"꿈은 꿈틀꿈틀의 약자입니다. 꿈을 가진 사람은 꿈틀댑니다. 무엇인가를 만들기 위해서 꿈틀대죠." 그의 화법 중 세 번째 화법이 '꿈틀 화법'이다.

사람은 누구나 꿈을 가지고 있다. 그 꿈이 어떤 꿈이냐 하는 것은 사람마다 다르다. 하지만 그 꿈을 내 것으로 만드느냐 못 만드느냐는 어떻게 하느냐에 따라 달라진다. 그러면서 그는 다음과 같은 예를 들어 설명한다고 했다.

여기 산나물이 있다고 생각해보라. 산나물은 삶아서 먹을 수 있다. 그러나 맛은 없다. 소금을 조금 넣어 버무리면 맛이 살아난다. 인생을 맛있게 버무리는 방법이 있다. 꿈을 맛있게 버무리는 방법이 있다. 우리 일이 바로 인생을 맛있게 버무리는 소금과 같은 일이라는 것이다. 인생을 맛있게 버무리기 위해서 우리와 함께 일을 하자고 하면 리크루팅 대상자의 얼굴에 미소가 지어진다고 했다.

"내일이라는 주머니에는 두 가지가 들어 있답니다. 행복과 불안이라는 것이 들어 있죠. 그중에서 우리는 행복이라는 것을 꺼내기 위해 이렇게 꿈틀댑니다. 행복은 꿈틀대는 사람만이 꺼낼 수 있습니다." 그가 마무리로 한 말이다.

리·크·루·팅 명장의
One Point Lesson

리크루팅 3가지 화법

1. D형 혈액형으로 바꾸십시오.
   자기 꿈을 가진 사람, 내일을 생각하는 사람이 D형입니다.
2. 당신은 행복한 사람입니다.
   오늘 나를 만난 당신은 행복한 사람입니다.
3. 꿈은 꿈틀꿈틀의 약자입니다.
   꿈틀꿈틀거리는 사람만이 꿈을 이룰 수 있습니다.

사실보다 가치를 말하라

왜 '2080 치약'을 쓰는가?

"오늘 아침 양치질하셨죠? 양치질하실 때 어떤 치약을 쓰셨습니까?" 한 매니저가 상담 기법을 설명하면서 던진 질문이다. 그는 사원들에게 고객과의 상담에서 성공하려면 상품의 특징(fact)을 말하지 말고 가치(value)를 말해야 한다고 하면서 이 예화를 자주 든다고 했다.

아침에 일어나면 양치질을 한다. 양치질은 왜 하는가? 입안을 깨끗이 청소하고 입에서 나는 냄새를 없애려고 한다. 양치질을 할 때 치약을 쓴다. 오늘 어떤 치약을 썼는가 생각해보라. 옛날에는 '럭키치약'을 많이 썼다. 옛날에는 유명했던 치약이다. 그러나 요즘에는 이 치약을 거의 쓰지 않는다. 이 치약을 찾기도 쉽지 않다.

그러면 어떤 치약을 쓰는가? 시중에는 기능성 치약이 여러 가지 나와 있다. 그중에서 가장 먼저 생각나는 치약이 '2080 치약'이다. 시장에 나오자마자 돌풍을 일으킨 치약이다. 왜 이 상품이 돌풍을 일으켰을까? 바로 '2080'이라는 이름 때문이었다. '20세의 건강한 치아를 80세까지 유지하자. 또는 20개의 치아를 80세까지 유지하자'라는 것이 2080의 의미라고 한다.

건강한 치아를 보존하는 것이 오복 중의 하나라고 한다. 사람들은 건강한 치아를 늙어서까지 유지하고 싶은 욕망이 있다. 사람들의 이러한 니즈를 찾아 2080이라는 숫자로 표현했더니 너도나도 이 치약을 장바구니에 넣었던 것이다.

양치질을 하는 이유는 입안을 청소하고 냄새를 없애려고 하는 것이다. 이것은 사실(fact)이다. 보이는 대로, 있는 그대로의 현상이다. 그러나 보이지 않는 것이 있다. 건강한 치아를 늙어서까지 유지하고 싶은 욕망이다. 이것이 니즈(needs)이다. 눈에 보이지 않는 가치적인 요소이다.

팩트fact를 종이에 적어라

"리크루팅 대상자를 쉽게 설득하려면 사실(fact)이 아니라 가치(value)를 제시해주어야 합니다." 이 매니저가 리크루팅 면담 요령을 설명하면서 한 말이다.

'돈을 벌어야 한다. 보람 있는 일을 해야 한다. 자기개발을 해야 한다. 활동하면 건강해진다.' 이런 것들이 사실(fact)이다. 있는 그대로 말하는 것이다. 치약을 쓰는 이유가 '입냄새를 없애려고 하는 것이다'라는 것과 같은 말이다.

이렇게 사실을 말하면 상대방이 동의하지 않는다. 그래서 거절부터 당하게 된다.

보이지 않는 것, 그 사람의 내면에 있는 것을 끄집어내야 한다. 그 사람 내면에 숨은 니즈를 찾아 해법을 제시해야 한다. 이것이 가치를 제시하는 방법이다. 그래야 관심을 갖게 되고 쉽게 결정을 하게 된다.

가치는 어떻게 만들까? 이 매니저가 쓰는 방법을 살펴보자.

그는 종이 한 장을 꺼내서 중앙에 선을 긋는다. 왼쪽에는 우리 일의 속성, 즉 사실(fact)을 하나하나 기록한다. 오른쪽에는 리크루팅 대상자의 문제점을 하나하나 기록한다. 이것을 책상 앞에 붙여놓고 날마다 우리 일의 속성과 리크루팅 대상자의 문제점을 연결해본다. 그러면 해결책, 즉 가치를 만들 수 있다.

가치를 제시하라

"아파트 중도금을 고민하는 사람에게 '3년 2억 프로젝트'를 제시해서 성공했어요." 그가 가치를 제시해서 리크루팅에 성공했다고 하면서 들려준 사례이다. 아파트 분양에 당첨되었는데 중도금 때문에 고민하는 사람에게 '3년 2억 프로젝트'를 제시했더니 쉽게 활동하겠노라고 결정했다. '3년 2억 프로젝트'라는 말에서 아파트 중도금을 해결할 방법을 찾은 것이다. 일을 해야 하는 분명한 명분을 본 것이다.

"중요한 것은 우리 일의 가장 핵심적인 속성이 무엇인지를 찾는 것입니다. 그래야 가치를 제시할 수 있어요." 그가 가치 만드는 방법을 설명하면서 한 말이다.

"우리는 아이들의 10년을 생각합니다." 한 학습지 회사에서 매일 외치는 말이다. 오늘 우리가 하는 일이 사랑하는 아이들의 10년 뒤를 위한 일이라면 일에 대한 자부심이 달라진다. 일에 대한 애착이 달라진다. 일에 대한 사명감이 달라진다.

또 다른 학습지 회사에서는 '지구 인재 선생님'이라는 말을 쓴다. 글로벌 시대에서 우리가 하는 일이 지구 인재를 키우는 일이라는 뜻이다.

지금은 가치와 싸우는 시대이다. 사실을 말하지 말고 가치를 제시하라.

리·크·루·팅 명장의
One Point Lesson

가치(Value)를 만드는 방법

1. 종이 한 장을 꺼내라.
2. 종이 중앙에 선을 하나 그어라.
3. 왼쪽에는 우리 일의 속성을 적어라.
4. 오른쪽에는 리크루팅 대상자의 문제점을 적어라.
5. 두 가지를 서로 연결해보면 가치가 만들어진다.

'百聞이 不如一見'이다

뭐니 뭐니 해도 Money가 최고다

"7년 전 제가 처음 받은 급여 명세표를 지금도 가지고 다닙니다. 이게 7년 전에 487만 원 받은 첫 급여 명세표예요." 연도챔피언 상을 받은 한 매니저가 비닐로 코팅한 자신의 첫 급여 명세표를 보여주면서 한 말이다.

지금도 월급여가 480만 원이면 무척 큰 금액이다. 그런데 7년 전 입사 첫 달에 받은 급여가 487만 원이었다면 그의 활동이 어떠했는지 짐작하고도 남는다. 지금은 얼마를 받는지 알려달라고 했더니 웃으면서 영업 비밀이라고 했다. 7년 전 받은 금액보다는 훨씬 많다는 것만 말해줄 수 있다고 했다.

필자가 주변 사람에게서 들은 바로는 그의 연봉은 여느 대기업 사장의 연봉보다 많다.

"저는 리크루팅 대상자를 만나면 제 첫 급여 명세표를 보여줍니다. 뭐니 뭐니 해도 Money가 설득에는 최고입니다." 그가 급여 명세표를 활용하는 방법을 설명하면서 한 말이다.

백문이 불여일견(百聞 不如一見)이라고 한다. 백 번 듣는 것이 한 번 보는 것만 못하다는 뜻이다. 간접적으로 듣기만 하기보다는 직접 보는 것이 더 확실하다는 것이다. 무엇이든지 직접 보고, 만지고, 느끼는 경험을 해 보아야 확실히 알 수 있다. 리크루팅 대상자에게 백 번 설명해주는 것보다는 급여 명세서 한 번 보여주는 것이 훨씬 더 설득력이 있다는 것이다.

급여 명세서를 활용하라

"제 급여 명세서 말고 제가 하나 더 만들어놓은 것이 있습니다." 이렇게 말하면서 다른 급여 명세서를 몇 장 보여주었다. 입사 3차월, 6차월, 13차월 된 사원의 급여 명세서였다. 입사 3차월에 250만 원으로 시작해서 매월 꾸준히 올라가는 사원의 급여 명세서였다. 급여 명세서 상단에는 성명과 나이도 적혀 있었다.

"보세요. 여기 이 사람 이름이 ○○○라고 적혀 있죠? 현재 33세입니다. 3개월에 250만 원 받았죠? 6개월 되던 때는 급여가 이렇게 올랐습니다. 1년 되었을 때는 이만큼 받았습니다." 급여 명세서를 보여주면서 설명하면 처음에는 관심 없다던 사람도 눈을 동그랗게 뜨면서 가까이 다가와 앉는다.

샘플로 보여줄 급여 명세서를 준비하라. 급여가 들쭉날쭉하는 사람의 명세서가 아니라 매월 꾸준히 올라가는 모범적으로 활동하는 사람의 급여 명세서를 준비하는 것이 좋다. 특히 현재 활동하는 사원의 급여 명세서로 준비하는 것이 더 효과적이다. 리크루팅 대상자가 사무실을 방문하면 그 사람을 직접 소개하면서 '이 사람이 그 급여 명세서의 주인공'이라고 말할 수 있기 때문이다. 좀 더 확실한 믿음을 줄 수 있다고 그는 설명했다.

팀원의 이야기를 담은 자료를 만들어라

"말로만 설명하지 말고 눈으로 보여줄 자료를 만들어서 활용해야 합니다. 회사에서 만들어준 브로셔보다는 자신이 직접 만든 우리 팀과 관련된 자료가 더 설득력이 좋습니다." 그가 이어서 하는 말이었다.

회사에서 배포해준 자료보다는 매니저가 직접 만든 자료가 더 효과가 좋다. 회사에서 만든 자료는 설득력이 떨어지고 피부에 와 닿지 않기 때문이다.

나와 관련된 이야기, 우리 팀원과 관련된 이야기가 훨씬 더 현실적이고 호소력이 강하다. 책을 읽어도 그렇다. 외국의 유명한 작가의 책을 번역한 것을 읽다 보면 사례를 설명하면서 '미스터 존슨' 또는 '다나카' 등과 같이 미국인 이름, 일본인 이름을 접하게 된다. 외국인 이름을 접하는 순간 그 사례는 우리 사례로 와 닿지 않는 것을 느끼게 된다. 미국 풍토나 일본 문화가 우리와 다르다고 생각하기 때문이다. 우리는 한국 사람의 생생한 사례를 보고 싶어 한다.

눈으로 볼 수 있는 자료를 준비하라. 우리 팀원들의 이야기를 담은 자료를 만들어라. 소득을 설명할 때는 앞에서 설명한 급여 명세서를 활용한다. 친교

와 여행을 이야기할 때는 단풍 구경 갔던 사진, 시상으로 해외여행을 다녀온 사진 등을 보여준다. 기타 상생의 사회활동을 설명할 때는 각종 봉사 활동을 하는 모습이 담긴 사진 등을 보여준다. 말로 설명하는 것보다 눈으로 보여주는 것이 설득력이 강함을 잊지 마라.

리·크·루·팅 명장의
One Point Lesson

'百聞이 不如一見' 작전

1. 눈으로 보여주는 자료를 활용하라.
2. 급여 명세서를 활용하는 것도 좋다.
3. 여행, 봉사활동하는 자료를 보여주는 것도 좋다.
4. 우리 팀원들의 이야기가 담긴 자료를 활용하라.
5. 회사 브로셔보다 설득력이 강하다.

우물쭈물할 시간이 없다

뭐라고 쓸 것인가?

《노인과 바다》로 노벨 문학상을 받은 헤밍웨이의 묘비명에는 '일어나지 못해 미안하다,' 《적과 흑》을 쓴 스탕달의 묘비명에는 '살고, 쓰고, 사랑했다,' 배재학당을 설립한 아펜젤러의 묘비명에는 '나는 섬김을 받으러 온 것이 아니라 섬기러 왔습니다,' 그리고 버나드 쇼의 묘비명에는 '우물쭈물하다가 내 이럴 줄 알았다'라고 쓰여 있다. 걸레스님으로 유명했던 중광 스님의 마지막 말이 '괜히 왔다 간다'였다고 한다.

이 중에서 버나드 쇼의 묘비명과 중광 스님의 마지막 말이 특히 가슴을 찌른다. 우물쭈물하는 사이 인생은 끝나버린다는 것이 버나드 쇼가 하는 말이다. 열심히 살았다고, 치열하게 살아왔다고 생각했는데 인생의 마지막에서 지나온 삶을 돌아보니 아무것도 남긴 것이 없다는 말이 중광 스님의 말이다.

그러면 내 묘비명에는 뭐라고 쓸 것인가? 인생을 마감하면서 그동안 내가 이렇게 살았노라고 한마디로 쓸 때 뭐라고 할까?

허송세월할 시간이 없다

"제가 리크루팅 대상자와 이야기할 때 자주 인용하는 말이 있습니다. 식당에 걸려 있던 액자 이야기입니다." 한 매니저가 인생을 열심히 살아야 하는 이유를 설명하면서 들려준 말이다.

식당에 걸린 액자에 '우리네 인생은'이라는 제목으로 다음과 같은 내용이 적혀 있다. "일백 살을 살아야 36,500일, 구십 살을 살면 32,850일, 팔십 살을 살면 29,200일, 칠십 살을 살면 25,550일, 육십 살을 살면 21,900일입니다."

"백 살을 살면 장수라고 다들 호들갑을 떠는데 기껏 살아봐야 36,500일밖에 안 됩니다. '인생 팔십'이라고 하는데 팔십 살을 살아야 29,200일밖에 안 됩니다." 이렇게 말하면서 그가 강조하는 말이 팔십 살을 살아야 29,200일밖에 안 되는데 이 짧은 인생 우왕좌왕하면서 살기에는 시간이 너무 부족하지 않느냐는 것이다. 더욱이 허송세월하면서 살기에는 시간이 너무 아깝지 않느냐고 강한 어조로 말한다.

'삶을 산다'에서 '산다'는 말은 원래 '사르다'에서 왔다고 한다. 사르다는 무엇인가 태워 없앤다는 말이다. '삶을 산다'는 말은 정해진 삶을 조금씩 태워 없앤다는 말이다. 우리는 하루하루를 조금씩 태워가고 있다.

"지금 나이 40이라고 해보죠. 팔십 세를 산다면 29,200일 중에서 반인 14,600일이 이미 태워지고 없다는 말입니다. 앞으로 남은 날이 14,600일밖에 없는데 의미 없이 보낸 오늘은 14,600일 중에서 하루가 빠져나가고 있다는 말입니다." 그는 오늘도 무엇인가 의미 있게 살아야 하지 않겠느냐면서 목청을 높였다.

'지금'이 가장 중요하다

"한참 일할 나이인데 하는 일 없이 놀고 있는 사람을 보면 '인생 시계법'을 이야기합니다. 그러면 효과 백배입니다." 이렇게 말하면서 그는 다음과 같이 설명했다.

김난도 교수는 《아프니까 청춘이다》에서 인생 시계법을 소개했다. 사람이 태어나서 죽을 때까지를 24시간에 비유한다면 나는 지금 몇 시쯤의 인생을 살고 있는 것인가 하는 내용이다. 하루 24시간은 1,440분에 해당하는데 이것을 80세로 나누면 18분이 된다. 1년에 18분씩 가는 것이다.

지금 24세라고 하면 아침 7시 12분이다. 지금 막 집을 나서려는 시간이다. 그럼 40세라고 하면 해가 중천에 떠 있는 정오이다. 가장 활발하게 활동할 시간이다. 은퇴하고 노년을 준비하는 60세는 오후 6시이다. 일을 마치고 퇴근하는 시간이다.

"김정희 님은 38세이니까 지금 11시 24분입니다. 하루 중 가장 정신없이 일하는 시간이잖아요"라고 하면 다들 공감한다고 했다.

사람에게는 신이 내려준 금이 3개가 있다고 한다. '황금, 소금, 지금'이라는 것이다. 황금은 경제적 여유를 말한다. 소금은 건강을 말한다. 그리고 지금은 시간을 말한다. 이 중에서 가장 중요한 것이 '지금'이라는 것이다. '어제는 지나간 오늘이요, 내일은 다가올 오늘'이라고 한다.

어제, 오늘, 내일 중에서 가장 중요한 것은 오늘이다. 오늘에 충실해야 어제가 아름다운 과거가 되고, 오늘에 충실해야 내일이 행복한 미래가 된다. 오늘이 중요하다. 지금이 중요하다. 그냥 흘려보내지 마라.

**리·크·루·팅 명장의
One Point Lesson**

'지금'의 중요성을 강조하는 방법

1. 나이를 날짜로 계산해줘라.
   80세를 살아야 29,200일밖에 안 된다.
2. 나이를 시간으로 계산해줘라.
   지금 38세라고 한다면 11시 24분이다.

'1년만 참고 기다리겠다'고 하라

지금은 일하는 단계다

"인생을 90세까지 산다고 한다면 3단계로 구분할 수 있습니다. 준비단계→일하는 단계→휴식단계로 구분할 수 있죠." 한 매니저가 리크루팅 대상자와 상담할 때 '인생 3단계론'을 즐겨 쓴다고 하면서 이렇게 서두를 시작했다.

의학의 발달과 생활환경 개선으로 평균수명이 늘어났다. 사람의 기대수명을 90세라고 하면 준비단계 30년→일하는 단계 30년→휴식단계 30년, 이렇게 3단계로 구분할 수 있다. 태어나서 초등학교, 중학교, 고등학교, 대학교를 거쳐 사회 초년생이 되는 30년을 인생 준비단계라 할 것이다. 내 인생을 가치 있게, 풍요롭게, 행복하게 만들려고 열심히 공부하고 준비하는 단계다.

30세에서 60세까지는 일하는 단계다. 내가 세운 삶의 목표와 꿈을 달성하기 위해서 열심히 일하는 단계다. 이후 60세에서 90세까지는 일이라는 무거운 짐을 내려놓고 인생을 즐기는 휴식단계라 할 것이다. 지금은 60세도 젊은 나이라 하고 놀기에는 아까운 나이라 하지만, 이 기간부터 일반적으로 골든 에이지(golden age)라고 한다. 치열한 삶의 현장에서 벗어나 인생을 여유 있게 즐기는 기간이라는 것이다.

"사람에게는 일할 때가 있고 쉴 때가 있습니다. 지금은 일하는 단계이잖아요. 내일의 편안한 휴식을 위해서 오늘은 열심히 일해야죠." 그는 30~40대를 만나면 지금은 열심히 일하는 단계에 있지 않느냐면서 이렇게 말한다고 했다.

지금이 3번 중 한 번의 기회다

사람에게는 기회가 세 번 주어진다고 한다. 그러나 이 말은 틀렸다. 사람에게는 수없이 많은 기회가 주어진다. 지금 이 순간에도 기회가 찾아왔는지 모른다. 순간순간 만나는 기회는 인연의 기회, 재물의 기회, 성공의 기회 같은 것이라고 생각한다. 그러나 대부분 사람들이 그것이 기회인지도 모르고 흘려보내버린다.

"사람에게 주어진다는 기회 세 번은 그 사람의 인생을 바꿔놓는 결정적인 기회를 말합니다." 그 매니저가 기회는 주어질 때 잡아야 한다면서 한 말이다.

우리가 자주 말하는 것 중에 돌이킬 수 없는 것이 네 가지 있다고 한다. 활시위를 떠난 화살, 입 밖에 뱉은 말, 흘러간 세월, 놓쳐버린 기회는 돌이킬 수 없다고 한다. 다시 돌아오게 할 수 없다는 말이다. 그래서 화살이 활시위를 떠나기 전에 목표를 정확하게 겨냥해야 한다. 말을 할 때는 신중하게 생각하고 해야 한다. 청춘은 다시 돌아오지 않으니 시간을 아끼고 아껴서 보람 있게 보내야 한다. 일할 수 있을 때 일해야 한다. 기회는 주어졌을 때 꽉 잡아야 한다. 우물쭈물하다가는 기회가 훌쩍 떠나버린다.

"오늘 저를 만난 게 행운입니다. 지금 이 순간이 세 번의 기회 중 한 번일지도 모릅니다." 그는 리크루팅 대상자에게 웃으면서 당당하게 이렇게 말한다고 했다.

딱 1년만 참고 기다리겠다

"기회는 누구에게서 전해지는 줄 아십니까? 결정적인 기회는 가까이 있는 주변 사람에게서 전해집니다." 그가 이어서 한 말이다.

기회는 신비롭게 오는 것이 아니라 주변의 누군가가 전해주는 것이라고 한다. 기회는 멀리서부터 찾아오는 것이 아니다. 요란한 꽹과리 소리와 함께 오는 것도 아니요, 이슬 내리듯 은밀하게 조용히 오는 것도 아니다. 결정적인 기회는 바로 가까이 있는 주변 사람에게서 평범하게 전해진다. 그래서 이 기회를 소홀히 하면 안 된다.

"딱 1년만 참고 기다리겠습니다. 저를 만난 지 9개월 되었으니까 이제 3개월 남았네요. 그다음은 후회해도 소용없습니다." 마지막 결정단계에서 그가 즐겨 쓰는 화법이라고 했다.

이렇게 말하면 시큰둥하던 사람도 마음이 급해지게 된다고 했다. '웃기네' 하면서 마음속으로 비웃던 사람도 다음에 만나면 결정이 빨라지더라는 것이다. 지나간 버스에 손 흔들어봐야 소용없다고 한다. 기회를 놓치고 발을 동동 구르지 말라는 것이다. 기회는 잡는 사람이 임자라고 한다. 눈을 부릅뜨고 있다가 기회다 싶으면 얼른 잡아야 한다는 말이다.

그는 애걸복걸하면서 매달리지 말라고 강조했다. 그는 자신이 하는 일이 보람된 일이고, 자신이 하는 일에 확신이 있다면 자신감 있게 확신하는 어투로 말해야 한다고 강조했다.

리·크·루·팅 명장의
One Point Lesson

'1년만 참고 기다리겠다'는 화법

1. 세 번의 기회 중 한 번이 바로 지금이다.
2. 기회는 주어질 때 잡아야 한다.
3. 우리 회사로 올 수 있는 유효기간은 1년이다.
4. 이제 3개월밖에 남지 않았다.
5. 버스 떠난 다음에 발을 동동 구르지 마라.

'인생을 책임지겠다'고 하라

한 사람이 오는 것은?

"리크루팅은 한 사람의 인생을 책임지는 일입니다. 한 사람의 삶의 방향을 바꾸는 일이기 때문입니다. 한 사람이 걸어가는 인생의 길을 지금과 다른 길로 바꾸어주는 것이지요. 물론 지금까지 걸어온 길보다 더 보람 있고 의미 있는 길로 말입니다. 그만큼 책임이 막중한 일이라는 겁니다."

어느 매니저가 필자에게 들려준 말이다.

한 사람을 리크루팅한다는 것은 실로 어마어마한 일이다. 그 사람의 인생을 책임지는 일이기 때문이다. 그러니 엄숙하고 책임감 있게 접근해야 한다. 이러한 마음을 잘 표현한 시가 있다.

정현종의 〈방문객〉이라는 시를 보자.

사람이 온다는 것은
어마어마한 일이다.
그는
그의 과거와 현재와
그리고
그의 미래가 함께 오기 때문이다.
한 사람의 일생이 오기 때문이다.
부서지기 쉬운
그래서 부서지기도 했을
마음이 오는 것이다.
그 갈피를
아마 바람은 더듬어 볼 수 있을 마음.
내 마음이 그런 바람을 흉내 낸다면
필경 환대가 될 것이다.

누군가를 만난다는 것은 실로 어마어마한 일이다. 누군가를 오게 한다는 것은 더욱 어마어마한 일이다. 그 사람의 인생이 오기 때문이다. 리크루팅이라는 것은 그 사람의 인생을 오게 하는 일이다. 그 사람의 과거와 현재와 미래가 오게 하는 것이다. 이렇게 엄청난 일을 대충해서는 안 되는 것 아닌가?

인생을 책임지는 자세로 임하라

"리크루팅 대상자와 이야기할 때 빠뜨리지 않고 하는 말이 있습니다. '제가 ○○○님의 30대를 책임지겠습니다'라는 말입니다. 이렇게 말하면 사람들은 대부분 어떻게 책임질 거냐고 따지죠." 그가 웃으면서 말했다.

한 사람의 30대를 책임지겠다는 말은 자신감의 표현이다. 기어코 성공시키고 말겠다는 강한 의지의 표현이기도 하다. 매니저는 이런 강한 소명의식이 있어야 한다.

한 사람의 삶을 책임지겠다는 강한 소명의식이 있어야 리크루팅 대상자에게 자신 있게 말할 수 있기 때문이다.

잊지 마라. 매니저는 함께하는 식구들의 삶을 책임지는 사람이다. 그들의 30대와 40대라는 인생의 일정 기간을 책임지는 사람이 매니저이다. 매니저를 잘 만난 덕분에 도입한 신인의 삶이 더 나아졌다고 한다면 그 매니저는 성공한 사람이다.

하지만 매니저를 잘못 만났기 때문에 도입한 사람이 중간에 실패하고 그만두게 되었다면 그 사람의 30대 또는 40대라는 인생을 헛되게 만들었으니 이 매니저는 실패한 사람이다.

확실한 믿음을 줘라

"꼭 따져봐야 할 것은 어느 회사에서 근무하느냐가 아니라 어떤 매니저와 근무하느냐는 것입니다." 그가 이어서 한 말이다.

그는 리크루팅 대상자와 면담할 때 회사를 고르기에 앞서 매니저를 먼저 고르라고 강조한다. 어떤 회사인지도 따져봐야 하겠지만 함께 일하게 될 매니저가 어떤 사람인지가 더 중요하기 때문이다. 사람이 성공하려면 어느 회사에서 근무하는지가 중요한 요소일 수도 있다. 그러나 그보다 더 중요한 요소는 자신의 삶의 일정 기간을 함께할 매니저가 어떤 사람이냐 하는 것이다. 아무리 좋은 회사를 골랐다 하더라도 매니저를 잘못 만나면 그 사람의 앞길은 가시밭길이요, 험난한 여정이 될 것이기 때문이다.

"팀원들이 입사를 결심할 때 가장 크게 작용한 것은 제가 한 말 중에 '책임지겠다'는 말이었다고 합니다." 그가 웃으면서 한 말이다.

리·크·루·팅 명장의
One Point Lesson

인생을 책임진다는 소명의식

1. 강하게 동기부여하라.
2. 인생을 책임지겠다는 강한 의지를 보여줘라.
3. 회사보다는 매니저가 중요하다는 사실을 강조하라.
4. 신인은 매니저의 자신감에 따라 결정이 달라진다.

CIS, 이렇게 하라

열정과 꿈을 보게 하라

"직무설명회는 사정하지 말고 당당하게 해야 합니다. 우리 회사 우리가 하는 일에 대해서 당당하게 설명해야 합니다." 한 매니저가 리크루팅 대상자에게 직업을 설명할 때는 당당하게 해야 한다고 하면서 한 말이다.

많은 회사에서 리크루팅 대상자에게 직업 설명을 하는 오리엔테이션을 CIS(Career Information Session)라고 한다. 리크루팅 대상자에게 회사에 대한 설명과 하는 일에 대한 안내를 하는 과정이 CIS이다. 이 과정을 통해 리크루팅 대상자는 회사와 하려는 일에 대해 정확한 정보를 얻고 매니저는 리크루팅 대상자의 결심을 이끌어내는 과정으로 이어가게 된다.

"직무설명회에서는 리크루팅 대상자에게 꿈과 열정을 느끼게 만들어야 합니다." 이 매니저가 직무설명회의 목적을 설명하면서 한 말이다.

직업에 대한 설명에는 열정과 꿈이 담겨 있어야 한다. CIS에 참석한 리크루팅 대상자에게 열정과 꿈을 느낄 수 있게 해야 한다. 열정을 빼놓고 성공을 말하지 말라고 했다. 열정은 시간 가는 줄 모르고 몰입하게 하는 에너지이다. 지치고 방전된 사람을 일하고 싶게 만드는 일종의 배터리이다.

CIS에서는 꿈을 눈으로 볼 수 있게 해줘야 한다. 꿈을 크게 그려주어야 한다는 말이다. 이것을 비전이라고 한다. 여기에서 일하는 사람은 착실한 꿀벌과 같은 20세기형이 아니라 창의성과 상상력으로 행동하는 21세기 성공자의 모습으로 변하게 된다는 것을 눈으로 볼 수 있게 그려주어야 한다.

CIS에서 진행자는 얼굴에 열정이 넘쳐야 한다. 자신만만한 자세로 회사와 직업을 설명할 수 있어야 한다. 꿈과 열정은 곧바로 전염되는 바이러스이기 때문이다. 리크루팅 대상자에게 꿈과 열정이 곧바로 전염되기 때문이다.

한 명이라도 정식으로 하라

"저희 지점에서는 직무설명회를 할 때 한 명이라도 정식으로 실시합니다. 직무설명회는 간담회가 되면 안 됩니다. 참석 인원이 한 명이라도 정식으로 실시해야 합니다." 이 매니저가 직무설명회 운영방법을 설명하면서 한 말이다.

직무설명회는 많은 사람이 참석하는 것이 좋다. 그래야 분위기도 살고 진행하는 사람도 기운이 나기 때문이다. 그러나 현실적으로 직무설명회에 많은 사람이 참석하는 경우는 극히 드물다. 그러다 보니 간담회 형식으로 진행하는 것을 자주 보게 된다. 커피 한 잔 놓고 사적인 이야기하듯이 도란도란 이야기하는 것이다. 이는 실패자의 전형적인 모습이다. 여기에 어디 열정을 느낄 수 있으며, 어디 꿈을 이야기할 수 있는가?

참석 인원이 적다고 기죽지 마라. 한 명밖에 없다고 해서 의기소침해지지도 마라. 한 명밖에 없더라도 10명이 참석한 것처럼 진행해야 한다. 마치 무대에 선 배우가 관객에게 열정적으로 공연하듯이 말이다.

나는 무대에 선 배우이고 참석자는 객석에 앉은 관객임을 잊지 마라. 참석한 한 사람을 감동시키기 위해서 모든 에너지를 쏟아 부어야 한다. 동영상도 보여주고 준비한 프레젠테이션 자료도 보여주면서 땀을 흘리며 열정적으로 공연하는 모습을 보여주어야 한다. 이것이 프로 매니저의 모습이다.

무엇을 말할까?

"부자들은 부자가 되려면 적극적인 언어를 사용하라고 말합니다. 부정적인 언어는 복 나가는 언어라고 합니다." 이 매니저가 직무설명회 내용을 설명하면서 한 말이다.

직무설명회에서는 긍정적이고 적극적인 언어를 사용해야 한다. 참석자에게 힘과 용기를 줄 언어를 사용해야 한다. 단점을 감추고 장점만 내세우라는 말이 아니다. 단점도 솔직하게 말하면서 장점을 더 크게 느낄 수 있도록 해야 한다. 직무설명회에서는 다음과 같은 내용을 설명해야 한다.

1. 내가 해야 할 일이 무엇이냐?

2. 이 직업이 나에게 어떤 기회를 제공해줄 것이냐?

3. 이 회사와 지점 그리고 매니저에 대해서 내가 알아야 할 것이 무엇이냐?

4. 왜 내가 이 직업에 적합하다는 것이냐?

"우리가 하는 일이 아주 형편없고, 힘들고, 내키지 않은 일로 느껴지기도 합니다. 그렇지만 어떤 사람들에게는 보람 있고, 삶의 활력을 찾아주는 아주 좋은 일이기도 합니다. 중요한 것은 이 일에는 적합한 사람이 분명 있다는 사실입니다. 그중 한 사람이 바로 당신이라는 것이죠." 그가 리크루팅 대상자에게 결론적으로 하는 말이라고 했다.

리·크·루·팅 명장의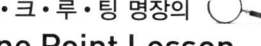
One Point Lesson

CIS(직무설명회) 진행 요령

1. 꿈과 열정을 느끼게 하라.
2. 한 명이라도 반드시 정식으로 진행하라.
3. 간담회가 되지 않게 하라.
4. 무대에 선 배우처럼 열정적으로 연기하라.
5. 당신이 최고 적임자라고 말하라.

부록

리크루팅 한 줄 화법
리크루팅 짧은 화법

리크루팅 한 줄 화법
recruiting master

― 기회 ―

1. 기회는 눈 깜박할 사이에 지나간다. 순간적으로 잡아야 한다.
2. 기회는 없어지지 않는다. 당신이 놓친 것을 다른 사람이 잡는다.
3. 기회가 왔을 때 잡아야 한다. 그렇지 않으면 행운을 놓치게 된다.
4. 돌다리만 두드리지 마라. 그사이에 남들은 결승점에 가 있다.
5. 누구나 마음속에 생각의 보석을 지니고 있다. 다만 캐내지 않아 잠들어 있을 뿐이다.
6. 내일이라는 주머니에는 구슬이 두 개 들어 있다. 행복의 구슬, 불안의 구슬…. 우리는 둘 중 하나를 꺼내야 한다.
7. Change에서 하나만 바꾸면 Chance가 된다.
8. 인생은 B(Birth)와 D(Death) 사이에 C(Choice)가 있다.
9. 헤매는 하루하루가 인생이다. 시간은 당신을 기다려주지 않는다.
10. 빛은 항상 어둠의 끝에 있다. 당신의 빛도 지금 당신이 서 있는 어둠의 끝에서 기다리고 있다.

11. 좋은 기회를 만나지 못한 사람은 아무도 없다. 단지 그것을 붙잡지 않았을 뿐이다.
12. 실패하는 사람은 기회를 기다린다. 그러나 성공하는 사람은 기회를 만든다.
13. 기회는 새와 같다. 날아가기 전에 꼭 잡아라.
14. 당신이 회피하고 무시하고 도망치고 싶은 것이 바로 당신을 진정으로 성장시켜주는 것이다.
15. 변화는 두렵다. 하지만 더 두려운 것은 변하지 않는 것이다. 용기를 내라.
16. 세상에 절대적으로 좋거나 절대적으로 나쁜 것은 없다. 다만 우리 생각이 그렇게 만들 뿐이다.
17. 자신의 생각을 바꾸지 못하는 사람은 결코 현실을 바꿀 수 없다.
18. 지금 이 순간에도 망설이고 주저하다 좋은 기회를 놓쳐버리고 만다.
19. 알일 때는 둥지가 좋다. 그러나 날개가 자라나면 둥지는 이제 좋은 곳이 못 된다.
20. '난 못해'라는 말은 아무것도 이루지 못하지만 '해볼 거야'라는 말은 기적을 만든다.

── 도전 ───

1. 알에서 스스로 깨고 나오면 병아리가 되지만 남이 깨주면 계란프라이밖에 안 된다.
2. 인생은 언제나 스스로 부딪쳐 경험하고 도전하는 사람에게 더 큰 영광을 안겨준다.

3. 할 수 있다고 생각하면 할 수 있고, 할 수 없다고 생각하면 할 수 없다.
4. 하늘은 시련과 행운을 같이 준다. 시련에 오래도록 아파하고 있다면 행운의 포장을 아직 뜯지 못했을 뿐이다.
5. 시련 다음에 행복이 온다는 것을 아는 사람은 행복 표를 예약한 것과 같다.
6. 사람이 가장 조심해야 할 것은 자기 안에 있는 두려움이다.
7. 가치 있는 것은 대부분 부딪쳐야 얻을 수 있다.
8. 내 인생은 내가 주도하라. 내 인생의 열매는 내가 맺는 것이라야 그 맛이 황홀하다.
9. 의지, 노력, 기다림은 성공의 주춧돌이다.
10. 과거를 바꿀 수는 없지만 미래는 아직 당신 손 안에 있다.
11. 성공하는 사람은 실패하는 사람이 가지 않는 길을 기꺼이 간다.
12. 실패는 성공을 위한 리허설일 뿐이다.
13. 패자로서 잠들지 마라. 언제나 승자로서 일어나라.
14. 불행을 고치는 약은 오직 도전밖에 없다.
15. 인생에서 가장 통쾌한 일은 '너는 할 수 없다'고 세상 사람이 말한 것을 해내는 것이다.
16. 불안이 문을 두드렸다. 신념이 나가보니 해결할 수 없는 문제란 없었다.
17. 심호흡을 하라. 자신감을 크게 들이마시고 불안감을 남김없이 내뱉으라.
18. 일은 사람을 세 가지 악에서 구해준다. 지루함, 좌절감, 그리고 빈곤으로부터….
19. 자신의 한계를 짓지 마라. 많은 사람이 자신이 할 수 있는 것에 대해 한계를 정한다.
20. 내가 그 일을 함으로써 내게 그 일을 할 능력이 생긴다.

긍정

1. 항상 기뻐하라. 그래야 기뻐할 일들이 줄줄이 따라온다.
2. 남이 잘됨을 축복하라. 그 축복이 메아리처럼 나를 향해 돌아온다.
3. 힘들어도 웃어라. 절대자도 웃는 사람을 좋아한다.
4. 마음의 무게를 가볍게 하라. 마음이 무거우면 세상이 무겁다.
5. 적극적인 언어를 사용하라. 부정적인 언어는 복 나가는 언어다.
6. 요행의 유혹에 넘어가지 마라. 요행은 불행의 안내자이다.
7. 자신감을 높여라. 기가 살아야 운이 산다.
8. 세상에 우연은 없다. 한 번 맺은 인연을 소중히 하라.
9. 말이 씨앗이다. 좋은 종자를 골라서 심어라.
10. 절망 속에서도 희망을 잃지 마라. 희망만이 희망을 싹 틔운다.
11. 기쁨이 넘치는 노래를 불러라. 그 소리를 듣고 사방팔방에서 몰려든다.
12. 있을 때는 겸손해져라. 그러나 없을 때는 당당해져라.
13. 부지런히 살아라. 부지런은 절반의 복을 보장한다.
14. 어려운 일은 언제나 쉬운 데서 일어나고 큰 일은 언제나 작은 데서 시작된다.
15. 신은 우리가 행복하기를 바란다. 그래서 우리 마음속에 행복해지고 싶어 하는 욕구를 심어두었다.
16. 자기 자신을 충분히 신뢰하고 있다면 무엇이든 못할 게 없다. 자신을 믿어라.
17. 불가능이란 노력하지 않는 자의 변명이다.
18. 웃음소리가 나는 집은 행복이 와서 들여다보고, 고함이 나는 집은 불행이 와서 들여다본다.

19. 사람의 놀랄 만한 특성 중 하나는 마이너스(-)를 플러스(+)로 바꾸는 힘이 있다는 것이다.
20. 당신 자신을 믿어라. 그러면 어떤 것도 당신을 막지 못할 것이다.

성공

1. 성공이란 언제나 고된 일의 대가로 온다.
2. 얼마나 열심히 일하는지를 말하지 말고 얼마나 많이 해냈는지를 이야기하라.
3. 진짜 성공의 뿌리는 정상에 오르겠다는 당신 결심에 달려 있다.
4. 바쁜 사람에게는 나쁜 버릇을 가질 시간이 없는 것처럼 늙을 시간이 없다.
5. 이 세상에서 가장 행복한 사람은 일하는 사람, 사랑하는 사람, 희망이 있는 사람이다.
6. 외부에서 구하지 마라. 성공은 당신 안에 있는 것이니까.
7. 성공은 마음가짐의 문제다. 성공을 원한다면 먼저 스스로 성공한 사람으로 생각하라.
8. 성공을 향한 가장 중요한 첫걸음은 성공할 수 있다고 느끼는 것이다.
9. 사소한 반대를 두려워 마라. 성공이라는 '연'은 역풍을 타고 오른다는 것을 기억하라.
10. 내 안의 세계가 내 바깥 세계를 창조한다. 나는 백만장자의 마음을 가지고 있다.
11. 그 무엇도 결코 내 허락 없이는 나를 불행하게 할 수 없다.
12. 멋지게 살고, 자주 웃고, 사랑을 많이 한 사람이 진정 성공한 사람이다.

13. 성공은 하루하루 반복해 쏟는 작은 노력의 총합이다.
14. 사람은 실패가 아니라 성공하기 위해서 태어났다.
15. 멈추지 말고 한 가지 일에 매진하라. 그것이 성공 비결이다.
16. 당신은 움츠리기보다 활짝 피어나도록 만들어진 존재이다.
17. 성공은 능력보다 열정에 좌우된다. 성공한 사람은 자신의 일에 몸과 영혼을 다 바친 사람이다.
18. 고통 없는 승리는 없고 가시밭길 없는 성공이란 존재하지 않는다.
19. 내가 보아온 최고로 성공한 사람들은 모두 경랑하고 희망에 차 있었다.
20. 게으름에 대한 하늘의 보복은 두 가지이다. 하나는 자신의 실패요, 다른 하나는 당신이 하지 않은 일을 한 옆 사람의 성공이다.

돈

1. 부자처럼 생각하고 부자처럼 행동하라. 나도 모르는 사이에 부자가 되어 있다.
2. 돈은 거짓말을 하지 않는다. 돈 앞에 진실해져라.
3. 샘물은 퍼낼수록 맑은 물이 솟아난다. 아낌없이 베풀어라.
4. 헌 돈은 새 돈으로 바꿔 써라. 새 돈은 충성심을 보여준다.
5. 돈 많은 사람을 부러워 마라. 그가 사는 법을 배워라.
6. 돈을 애인처럼 사랑하라. 사랑은 기적을 보여준다.
7. 돈의 노예로 살지 마라. 돈의 주인으로 기쁘게 살아가라.
8. 지갑은 돈이 사는 아파트다. 나의 돈을 좋은 아파트에 입주시켜라.
9. 불경기에도 돈은 살아서 숨 쉰다. 돈의 숨소리에 귀를 기울여라.

10. 값진 곳에 돈을 써라. 돈도 신이 나면 떼 지어 몰려온다.
11. 인색하지 마라. 인색한 사람에게는 돈도 야박하게 대한다.
12. 돈을 편하게 하라. 아무데나 구겨 넣으면 돈도 비명을 지른다.
13. 돈에 낙서하지 마라. 당신의 얼굴에 문신하면 어떻겠는지 생각하라.
14. 찢어진 돈은 때워서 사용하라. 돈도 치료해준 사람에게 감사한다.
15. 돈과 대화를 나눠라. 돈의 말에 귀를 기울여라.
16. 안달하지 마라. 돈은 안달하는 사람을 증오한다.
17. 돈이 가는 길이 따로 있다. 그 길목을 지키며 미소를 지어라.
18. 마음이 가난하면 가난을 못 벗는다. 마음에 풍요를 심어라.
19. 가난한 자를 보지 말고 부자만 보라. 그러면 어느 순간 당신도 부자 대열에 올라 있을 것이다.
20. 돈에 대해서는 경솔하게 처신하지 마라. 돈은 품행이다.

리크루팅 짧은 화법
recruiting master

1. 변화

변하지 않는 것은 아무것도 없다.
좋든 싫든
당신의 인생에도 변화가 찾아오기 마련이다.
변화를 긍정적으로 받아들이고
그 변화 속에서 축복을 찾아라.

2. 전환

언제까지 '지나가버린 기회'를 아쉬워하며
눈물을 흘리고 있을 것인가?
'앞으로의 가능성'을 추구하며
눈물을 땀으로 전환시켜라.

3. 위기

위기(危機)라는 한자어는
'위험'과 '기회'라는 두 글자로 되어 있음을
기억하라.

4. 기회

실패자는
어떤 기회가 와도 이를 어렵게 생각한다.
성공자는
어떤 어려움 속에서도 기회를 찾는다.
당신이 지금 이 기회를 잡아야 하는 이유가
바로 여기에 있다.

5. 선택

매일 아침 당신의 마음으로부터 '행복'을 선택해보라.
'모든 일이 잘되어 가고 있다.'
'인생은 역시 멋진 거야' 하고 당신 자신에게 말해보라.
당신이 선택한 행복은 틀림없이 당신의 생활 속으로 들어온다.

6. 하루

하루도 조그마한 일평생이다.
날마다 잠에서 깨어 일어남이 그날의 탄생이요
오전의 짧은 청년기

오후의 장년기를 거쳐
자리에 누우면 그날은 죽어버린다.

7. 오늘

오늘에 충실하라.
어제는 꿈에 지나지 않고
내일은 환영일 뿐이니까.
그러나 오늘에 충실할 때
어제는 행복한 꿈이 되고
내일은 희망찬 환상이 된다.
그러니 오늘에 충실하라.

8. 대립

당신 마음속에서는
서로 대립하는 두 가지 존재가
끊임없이 다투고 있다.
'강함과 약함', '할 수 있다와 못한다.'
어느 쪽이 승리하느냐에 따라
당신 인생이 달라진다.

9. 인생

인생은 흘러가는 것이 아니고
성실로써 쌓아가는 것이어야 한다.

우리는 하루하루를 보내는 것이 아니라
내가 가진 무엇으로 채워가는 것이다.

10. 일

일만 알고 휴식을 모르는 사람은
브레이크가 없는 자동차와 같이 위험하기 짝이 없다.
그러나 쉴 줄만 알고 일할 줄 모르는 사람은
모터가 없는 자동차와 같이
아무 쓸모가 없다.

11. 새 출발

어제는 어제
오늘은 오늘이다.
어제의 고생을
오늘까지 연장할 필요는 없다.
하루의 고생은 하루로 충분하다.
오늘은 또 오늘의 운명이 열리는 것이다.
매일이 새롭고 매일이 새 출발이다.

12. 체험

백문(百聞)은
일견(一見)보다 못하지만
백문 백견(百聞 百見)은

또 일험(一驗)보다 못하다.
어떻든 체험해보는 것이다.

13. 고생

현재 고생은
즐거운 것은 아니다.
그러나 고생이 없는 인생은
가치 없는 인생이다.
쇠와 강철의 차이점은 불에 달려 있다.
불은 시련이요 고생이다.
그래서 쇠보다는 강철이 더 값진 것이다.

14. 한계

자신의 한계를 짓지 마라.
많은 사람이 자신이 할 수 있는 것에 대해 한계를 정한다.
당신이 지금 이 모습으로 있는 것은
애초에 그렇게 한계를 정했기 때문이다.
한계란 없다.
당신은 무한대로 성장할 수 있다.

15. 자기 평가

자기 자신에 대한 생각은

스스로 결정하는 것이다.
자신이 가지고 있는 숨은 능력을
끄집어내서 생명력을 불어넣기 위해서는
자신을 실제 모습보다
훨씬 훌륭하다고 여겨야 한다.

16. 두려움

당신이 완전하지 않다는 사실을
두려워하지 말고 받아들여라.
이 두려움이 우리를 서로 묶어준다.
새로운 것에 부딪히기를 두려워 마라.
이러한 기회들로 우리는 용감해지는 법을 배운다.

17. 걱정

걱정이 고개를 쳐들 때
그걸 억누르려고 애쓰지 마라.
그 대신 부질없는 걱정이라고 속으로 말하라.
마음에서 걱정이라는 감정을 내려놓아라.
그러면 자연스럽게 도전할 수 있게 된다.

18. 시간

모든 것을 하기에 시간은 충분하지 않다.
하지만 중요한 일을 하기에는

시간은 항상 충분하다.
일을 할수록 당신은 더 유능해진다.
일을 시작함으로써 당신이 얼마나
유능한 사람이라는 것을 알게 될 것이다.

19. 감사

감사라는 주사를 매일 거르지 마라.
시련이라는 병마를 만났을 때
다른 사람보다
빨리 이겨낼 수 있을 것이다.

20. 절망

절망하지 마라.
비록 당신의 모든 형편이
안 좋은 상황이라 할지라도….
이미 끝장난 듯싶어도
또다시 새로운 기회가 찾아오는 것이니까.

21. 의미

우리가 의미를 부여하지 않는 한
그 무엇도 의미를 지니지 못한다.
스스로 가치 있다 말하면
가치 있는 일이 된다.

그러나 가치 없다 말하면
가치 없는 일이 된다.

22. 심각

삶은 움직이는 영상과도 같다.
한 장면이 다른 장면으로 계속 바뀌는
영상과도 같다.
그런데 한 장면을 너무 심각하게 받아들이기 때문에
삶이 혼란스럽고 불행해지는 것이다.

23. 가치

나의 가치는 다른 사람에게 검증될 수 없다.
내가 소중한 이유는
내가 그렇다고 믿기 때문이다.
다른 사람에게서 내 가치를 구하려 든다면
그것은 다른 사람의 가치일 뿐이다.

24. 시간표

할 수 있는 일이 있으면 당장 시작하라.
세상 모든 것에는 시간표가 있다.
그때를 놓치면 좋은 것들은
사라져버리기 일쑤이다.
지금 이 순간에도 망설이고 주저하다가

좋은 기회를 놓치고 만다.

25. 비결

부자가 되는 비결은 다음과 같다.
매일 스스로 두 가지 말을 반복하라.
하나는
'왠지 오늘은 큰 행운이 생길 것 같다.'
다른 하나는
'나는 무엇이든 할 수 있다'

26. 행동

아이디어는 세상을 바꾸는 소중한 자산이다.
적절한 준비는 매우 중요하다.
지식과 지혜는 성공을 추구할 때
근본이 되는 중요한 요소이다.
그러나 아이디어도, 준비도, 지식이나 지혜도
행동 없이는 무용지물이다.

27. 시작

아무리 힘든 일일지라도
일단 시작해보라.
일을 시작했다는 것만으로도
이미 반은 이룬 셈이다.

그러나 아직 반이 남아 있다.
한 번 더 착수해보라.
그러면 일은 모두 마무리되는 셈이다.

28. 결심

빈둥거리며 오늘을 허비하는 것은
계속될 것이다.
내일 그리고 그다음 날도 계속될 것이다.
망설일 때마다 점점 더 늦어진다.
지나간 날들을 한탄하며 시간은 흘러간다.
결심하라. 그러면 마음이 뜨거워진다.
시작하라. 그러면 성취하게 될 것이다.

29. 최선

평범한 사람은 자신의 일에
자신이 가지고 있는 에너지와 능력의
25%를 투여한다.
세상은 능력의 50%를 쏟아 붓는 사람들에게
경의를 표한다.
100%를 투여하는 극히 드문 사람에게
머리를 조아린다.

30. 내 인생

내 인생 내가 산다.

남이 내 인생을 살아주는 것이 아니다.

내 인생이 남에게 보여주기 위해서

있는 것도 아니다.

남이 나를 어떻게 생각하는가를 먼저 생각하기보다

내가 나를 어떻게 생각하는가를

먼저 생각해야 한다.

중앙경제평론사는 오늘보다 나은 내일을 창조한다는 신념 아래 설립된 경제·경영서 전문 출판사로서
성공을 꿈꾸는 직장인, 경영인에게 전문지식과 자기계발의 지혜를 주는 책을 발간하고 있습니다.

리크루팅 명장을 찾아서

초판 1쇄 발행 | 2012년 5월 29일
초판 9쇄 발행 | 2024년 8월 15일

지은이 | 문충태(ChoongTae Moon)
펴낸이 | 최점옥(JeomOg Choi)
펴낸곳 | 중앙경제평론사(Joongang Economy Publishing Co.)

대　　표 | 김용주
책 임 편 집 | 이상희
본문디자인 | 디자인휴

출력 | 영신사 종이 | 한솔PNS 인쇄·제본 | 영신사

잘못된 책은 구입한 서점에서 교환해드립니다.
가격은 표지 뒷면에 있습니다.

ISBN 978-89-6054-090-3(13320)

등록 | 1991년 4월 10일 제2-1153호
주소 | ㉾04590 서울시 중구 다산로20길 5(신당4동 340-128) 중앙빌딩
전화 | (02)2253-4463(代)　팩스 | (02)2253-7988
홈페이지 | http://www.japub.co.kr　블로그 | http://blog.naver.com/japub
네이버 스마트스토어 | https://smartstore.naver.com/jaub　이메일 | japub@naver.com

♣ 중앙경제평론사는 중앙생활사·중앙에듀북스와 자매회사입니다.

Copyright ⓒ 2012 by 문충태
이 책은 중앙경제평론사가 저작권자와의 계약에 따라 발행한 것이므로 본사의 서면 허락 없이는
어떠한 형태나 수단으로도 이 책의 내용을 이용하지 못합니다.

※ 이 도서의 국립중앙도서관 출판시도서목록(CIP)은 서지정보유통지원시스템 홈페이지(http://seoji.nl.go.kr)와
국가자료공동목록시스템(http://www.nl.go.kr/kolisnet)에서 이용하실 수 있습니다.(CIP제어번호: CIP2012002014)

중앙경제평론사/중앙생활사/중앙에듀북스에서는 여러분의 소중한 원고를 기다리고 있습니다. 원고 투고는 이메일을
이용해주세요. 최선을 다해 독자들에게 사랑받는 양서로 만들어드리겠습니다. 이메일 | japub@naver.com